京華通覽

历史文化名城

主编/段柄仁

老字号

王红/编著

北京出版集团公司
北京出版社

图书在版编目（CIP）数据

老字号 / 王红编著. — 北京 ：北京出版社，
2018.3
(京华通览 / 段柄仁主编)
ISBN 978-7-200-13829-0

Ⅰ. ①老… Ⅱ. ①王… Ⅲ. ①老字号—介绍—北京
Ⅳ. ①F279.271

中国版本图书馆CIP数据核字（2018）第006425号

出版人　曲　仲
策　　划　安　东　于　虹
项目统筹　孙　菁　董拯民
责任编辑　孙　菁
封面设计　田　晗
版式设计　云伊若水
责任印制　燕雨萌

《京华通览》丛书在出版过程中，使用了部分出版物及网站的图片资料，在此谨向有关资料的提供者致以衷心的感谢。因部分图片的作者难以联系，敬请本丛书所用图片的版权所有者与北京出版集团公司联系。

老字号
LAOZIHAO
王红　编著

北京出版集团公司
北　京　出　版　社　出版
*
（北京北三环中路6号）
邮政编码：100120
网　址：www.bph.com.cn
北京出版集团公司总发行
新　华　书　店　经　销
天津画中画印刷有限公司印刷
*
880毫米×1230毫米　32开本　8.25印张　168千字
2018年3月第1版　2022年11月第3次印刷
ISBN 978-7-200-13829-0
定价：45.00元

如有印装质量问题，由本社负责调换
质量监督电话：010-58572393

序

PREFACE

擦亮北京“金名片”

段柄仁

北京是中华民族的一张“金名片”。“金”在何处？可以用四句话描述：历史悠久、山河壮美、文化璀璨、地位独特。

展开一点说，这个区域在70万年前就有远古人类生存聚集，是一处人类发祥之地。据考古发掘，在房山区周口店一带，出土远古居民的头盖骨，被定名为“北京人”。这个区域也是人类都市文明发育较早，影响广泛深远之地。据历史记载，早在3000年前，就形成了燕、蓟两个方国之都，之后又多次作为诸侯国都、割据势力之都；元代作为全国政治中心，修筑了雄伟壮丽、举世瞩目的元大都；明代以此为基础进行了改造重建，形成了今天北京城的大格局；清代仍以此为首都。北京作为大都会，其文明引领全国，影响世界，被国外专家称为“世界奇观”“在地球表面上，人类最伟大的个体工程”。

北京人文的久远历史，生生不息的发展，与其山河壮美、宜生宜长的自然环境紧密相连。她坐落在华北大平原北缘，“左环沧海，右拥太行，南襟河济，北枕居庸”“龙蟠虎踞，形势雄伟，南控江淮，北连朔漠”。是我国三大地理单元——华北大平原、东北大平原、蒙古高原的交汇之处，是南北通衢的纽带，东西连接的龙头，东北亚环渤海地区的中心。这块得天独厚的地域，不仅极具区位优势，而且环境宜人，气候温和，四季分明。在高山峻岭之下，有广阔的丘陵、缓坡和平川沃土，永定河、潮白河、拒马河、温榆河和蓟运河五大水系纵横交错，如血脉遍布大地，使其顺理成章地成为人类祖居、中华帝都、中华人民共和国首都。

这块风水宝地和久远的人文历史，催生并积聚了令人垂羡的灿烂文化。文物古迹星罗棋布，不少是人类文明的顶尖之作，已有 1000 余项被确定为文物保护单位。周口店遗址、明清皇宫、八达岭长城、天坛、颐和园、明清帝王陵和大运河被列入世界文化遗产名录，60 余项被列为全国重点文物保护单位，220 余项被列为市级文物保护单位，40 片历史文化街区，加上环绕城市核心区的大运河文化带、长城文化带、西山永定河文化带和诸多的历史建筑、名镇名村、非物质文化遗产，以及数万种留存至今的历史典籍、志鉴档册、文物文化资料，《红楼梦》、“京剧”等文学艺术明珠，早已成为传承历史文明、启迪人们智慧、滋养人们心灵的瑰宝。

中华人民共和国成立后，北京发生了深刻的变化。作为国家首都的独特地位，使这座古老的城市，成为全国现代化建设的领头雁。新的《北京城市总体规划（2016 年—2035 年）》的制定和中共中央、国务院的批复，确定了北京是全国政治中心、文化中心、国际交往中心、科技创新中心的性质和建设国际一流的和谐宜居之都的目标，大大增加了这块“金名片”的含金量。

伴随国际局势的深刻变化，世界经济重心已逐步向亚太地区转移，而亚太地区发展最快的是东北亚的环渤海地区、这块地区的京津冀地区，而北京正是这个地区的核心，建设以北京为核心的世界级城市群，已被列入实现“两个一百年”奋斗目标、中国梦的国家战略。这就又把北京推向了中国特色社会主义新时代谱写现代化新征程壮丽篇章的引领示范地位，也预示了这块热土必将更加辉煌的前景。

北京这张“金名片”，如何精心保护，细心擦拭，全面展示其风貌，尽力挖掘其能量，使之永续发展，永放光彩并更加明亮？这是摆在北京人面前的一项历史性使命，一项应自觉承担且不可替代的职责，需要做整体性、多方面的努力。但保护、擦拭、展示、挖掘的前提是对它的全面认识，只有认识，才会珍惜，才能热爱，才可能尽心尽力、尽职尽责，创造性完成这项释能放光的事业。而解决认识问题，必须做大量的基础文化建设和知识普及工作。近些年北京市有关部门在这方面做了大量工作，先后出版了《北京史》（10 卷本）、《北京百科全书》（20 卷本），各类志书近 900 种，以及多种年鉴、专著和资料汇编，等等，为擦亮北京这张“金名片”做了可贵的基础性贡献。但是这些著述，大多是服务于专业单位、党政领导部门和教学科研人员。如何使其承载的知识进一步普及化、大众化，出版面向更大范围的群众的读物，是当前急需弥补的弱项。为此我们启动了《京华通览》系列丛书的编写，采取简约、通俗、方便阅读的方法，从有关北京历史文化的大量书籍资料中，特别是卷帙浩繁的地方志书中，精选当前广大群众需要的知识，尽可能满足北京人以及关注北京的国内外朋友进一步了解北京的历史与现状、性质与功能、特点与亮点的需求，以达到“知北京、爱北京，合力共建美好北京”的目的。

这套丛书的内容紧紧围绕北京是全国的政治、文化、国际交往和科技创新四个中心，涵盖北京的自然环境、经济、政治、文化、社会等各方面的知识，但重点是北京的深厚灿烂的文化。突出安排了“历史文化名城”“西山永定河文化带”“大运河文化带”“长城文化带”四个系列内容。资料大部分是取自新编北京志并进行压缩、修订、补充、改编。也有从已出版的北京历史文化读物中优选改编和针对一些重要内容弥补缺失而专门组织的创作。作品的作者大多是在北京志书编纂中捉刀实干的骨干人物和在北京史志领域著述颇丰的知名专家。尹钧科、谭烈飞、吴文涛、张宝章、郗志群、马建农、王之鸿等，都有作品奉献。从这个意义上说，这套丛书中，不少作品也可称“大家小书”。

总之，擦亮北京“金名片”，就是使蕴藏于文明古都丰富多彩的优秀历史文化活起来，充满时代精神和首都特色的社会主义创新文化强起来，进一步展现其真善美，释放其精气神，提高其含金量。

2017 年 11 月

目录

CONTENTS

字号话古

北京是我国历史上著名的千年古都，辽、金、元、明、清先后在此定都之后，北京就成为北方地区，乃至全国的政治、文化和经济贸易中心，汇聚了中华民族优秀的传统文化。分布于京城各个商圈的餐馆饭店食品店、丝绸布帛鞋帽店、茶庄药铺戏园子、书籍文房古玩店等行业的老字号的兴衰沉浮，从一个侧面体现了古都北京传统商业文化的发展和演变，成为北京这座历史文化名城的重要组成部分。

商业字号的由来

老字号，是经过时间的历练，具有悠久的历史，拥有独特的产品，特殊的经营理念，优质的服务，良好的品牌信誉，在社会上具有影响力的知名工商企业。商业字号是商业活动中普遍存在的文化现象，但字号并非起源于商业。

字号作为中国特有的一种文化现象，在我国有着悠久的历史。据文献资料记载，字号早在西周时期就已经出现。它最早是对人的一种称谓方式。人的称谓，有名、字和号之别。名，是出生时由父母或其他长辈起的，是其一生中唯一的正式称谓。因要登记在官府的户籍簿上，所以也称官名或大名。而字和号则是长大成人之后才有的称谓。字号虽不属于正式的称谓，但在古代社会生活中，却被普遍使用，并且成为一种文化习俗。字和号在冠名和使用上，都有区别。

据《礼记·曲礼上》记载："男子二十，冠而字。"即中国古代男子二十岁（虚岁）时，须举行冠礼，以示成年。在行冠礼的仪式上，由受冠者的父亲或其他长辈给他起一个称号，即是字。古代的女子未嫁时叫"待字"闺阁，在十五岁（虚岁）许嫁时，则行笄礼，也是一种成年礼。届时也要起字。所以在中国古代，有字又作为成年的一种标志。字和名在意义上往往相互关联，如诸葛亮，字孔明，“亮”与“明”同义；岳飞，字鹏举，“飞”与“鹏举”意相近。另外，还有家族中的“字辈名”，用第一个字来确定辈分，如孔家、孟家等千年家族即是如此。

号，又称别号，是名和字以外的别名，是古人给自己起的称号，一般都是尊称、美称。号不仅是一种称谓，也往往寄托着自己特定的志向、意向、情感、修养和追求，抑或是蕴含有某种情趣。与字相比，号更富于情感、情趣、个性，多耐人寻味。陆游，自号放翁，就蕴含不拘礼法之意。辛弃疾，自号稼轩，意为人的一生当勤奋耕耘。秋瑾，号鉴湖女侠，以显女杰豪气。所以，呼人之号比呼其字更示尊重与客气。此外还有一类“诨号”“绰号”或“外号”，如《水浒传》中的一百〇八个好汉中的“豹子头”“智多星”等，又含有亲昵、诙谐或玩笑的意味。

字号包含着传承、期待、祝福等特定寓意，既雅致又时尚。在古代社会生活中，为各阶层人士普遍接受和使用，成为一个人除了官名以外经常使用的称谓。在以后的历史中，字号的使用范围不断拓展。其中最具代表性的，是将字号这种形式运用于商业活动之中。

随着商品经济的出现，在商品竞争中，经营者急需一种记得住，叫得响，又能显示商家和产品个性特征的标识、招牌，以拓展市场。这种包含着传承、祈福、明志等特定寓意和推广宣传功能的字号，也就从对人的称谓，逐步拓展到了商业活动之中，成为商家不可或缺的名号、品牌，出现在各式牌匾、招幌、产品和包装上。

商业字号中使用最为普遍的是以祈望兴旺发达、吉祥如意、致富有道、和气生财的字作为字号，如同仁堂、全聚德、同和轩、厚德福、致顺斋、东来顺、内联升等。直接或间接使用店主姓名做字号、表明经营范围、地域特征等也比较普遍，如王致和、张一元、王麻子、烤肉季、馄饨侯、砂锅居、淮阳春等。

商业字号的出现——唐都长安出土最早的商业字号：邢娘

据考古资料证明，在一千多年前就已经出现了商业字号的雏形。唐朝都城长安（今陕西西安）的宫城南门，有一条朱雀大街。在街的东西曾各设有一处市场，称为东市和西市。街道两侧多是店铺。西市南大街东端路南一带集中分布着饮食业。值得注意的是，在这处遗址中出土的一些陶器上，都印有“邢娘”二字。在店铺使用的陶器上按印姓氏，这显然是有特定用途的。

唐朝时期，社会经济得到快速发展。商品经济，特别是城市商品经济比较活跃。这种活跃的城市商品经济，也必定会促进商品的竞争。同一类商品或相同的商业经营往往集中在一个区域内，既增加了商业机会，又加剧了竞争。为了表明商品的生产者或经营者，也为顾客选择商品和店铺提供明确的目标，在商品或使用的器物上，印上特定的标识，显然是一种商业竞争的方式和手段。唐朝长安城西市出土陶器上的“邢娘”二字，无疑就是一种标识，起着商业字号的作用。所以，商业字号的出现，正是商品经济发展、活跃，商业竞争加剧的结果。

“邢娘”的出土也证明，早期的商业字号，是采用店铺主人的姓氏，即以姓氏作为店铺字号的。这种现象的出现，与中国古代商业的经营方式有直接的关系。中国古代商业的经营，多采用家族经营的方式，常常是集生产、加工与销售于一体，即所谓的“前店后坊”。这种经营方式，可以有效避免肥水外流，也可以使某项工艺技术限制在家族内部传袭，防止手艺外传，威胁本家族的利益。正是这种经营方式，导致姓氏最早为商业所采用，成为商业经营中的一种字号——姓氏字号。也由于家族式经营是中国古代商业活动的主要形式，所以，姓氏字号便成为中国古代商业字号的一种主要形式。

商业字号的兴盛——宋都汴梁城的商业店铺文化

随着城市的发展和商品经济的活跃，到北宋时，首都汴梁城的商业店铺文化已经颇具特色。北宋著名画家张择端的风俗画《清明上河图》描绘了北宋国都汴梁（今河南开封）城内外的街景。街道上各色人等摩肩接踵，商业店铺与民居杂处，鳞次栉比，一派繁盛的景象，弥漫着浓郁的城市商业气息。汴梁城内外有坐商店铺，前店后坊，现制现卖，其中不乏招幌字号，或写于店面，或立牌于门前，或制招幌随风飘扬；又有临街摊棚小卖，推车挑担，行游贩卖，反映了北宋时期城市商品经济十分兴盛和活跃。

汴梁城内各种类型的商业店铺文化内涵丰富。《东京梦华录》记录了一些颇具规模的酒店，它们各自以其独到的经营、服务方式和优良的质量，潜心经营，提高知名度和商业竞争力。有一家“会仙酒楼”，实力雄厚，规模很大，经营极具特色。这家酒楼的正店有许多分厅、馆，对于来此就餐的顾客，无论鸿宴大席，还是三两散客，也不论其身份高下，一律热情接待，而且还为顾客提供餐饮以外的多项服务。“新门里会仙楼正店，常有百十分厅馆动使，各各足备，不尚少缺一件。大抵都人风俗奢侈，度量稍宽。凡酒店中，不问何人，止两人对坐饮酒，亦须用注碗一副、盘盏两副、果菜楪各五片、水菜椀三五双，即银近百两矣。虽一人独饮，碗遂亦用银盂之类。其果子菜蔬，无非精洁。若别要下酒，即使人外买软羊龟背大小骨、诸色包子、玉板鲊、生削巴子、瓜姜之类。”（《东京梦华录》卷四《会仙酒楼》）会仙酒楼不仅在酒店内分为

北宋著名画家张择端的风俗画《清明上河图》局部　汴京城内字号商铺

不同的工作区域，店员分工各不相同，而且服务有标准，有“绝活”，有特色，还有严格的管理制度。“每店各有厅院，东西廊称呼座次。客坐，则一人执箸纸，遍问坐客。都人侈纵，百端呼索，或熟或冷，或温或整，或绝冷、精浇、膘浇之类，人人索唤不同。行菜得之，近局次立，从头唱念，报与局内。当局者谓之‘铛头’，又曰‘着案’。讫，须臾，行菜者左手杈三碗，右臂自手至肩驮叠约二十碗。散下尽合各热呼索，不容差错。一有差错，坐客白之主人，必加斥骂，或罚工价，甚者逐之。”意思是，这里除了各式豪华舒适的环境，华丽高贵而又清洁的餐具，还有周到热情的服务。客人所点不同菜肴，侍者用不同的声音索唤。上菜时，侍者从头念唱。而上菜者更是令人叫绝，左手杈着三只碗，右臂自手至肩竟然驮叠着二十只碗！服务中绝不能有半点差错，如果接到客人的投诉，店主对有过错的店员轻者责骂、扣工资，重者则炒鱿鱼。高贵的品质和特色的服务，受到人们的喜爱和普遍认可，进而得以长期经营，其字号也因此成为名家、名牌，世代相传。从一个侧面反映出商业竞争的存在和日趋激烈的现实。

正是在这种背景下，商家为了适应竞争的形势，提高自己所生产、经营的商品或店铺的知名度，能在市场占有一席之地，需要有一个名称，给自己经营的商品或店铺冠以字号，以与他人的商品或其他店铺相区别，以便为社会各界所熟知、认可，确立自己的品牌，从而打开一条畅销的门路或渠道。商业字号便为商家普遍采用，字号频频出现，成为一种商业文化现象。

名目繁多的商业字号——汴梁临安的商号

两宋时期的商业字号，既延续前代以姓氏冠名的做法，也有寓以典雅情趣的文辞，更有直接点明经营宗旨和特色的字号。规模不太大的店铺，用姓氏字号的比较多。如北宋汴梁（今河南开封）城内有徐家瓠羹店、桑家瓦子、刘家药铺、丑婆婆药铺、枣王家金银铺、郑家油饼店等等。南宋临安（今浙江杭州）城内有沈家、张家金银交引铺，刘家、吕家、陈家彩帛铺，舒家纸扎铺，张家生药铺，凌家刷子铺，张官人诸史文籍铺，张家元子铺，钱家干果铺等等。

酒楼很少使用姓氏作字号。这与酒楼作为休闲、消遣场所有一定的关系。当时酒楼的字号，一般多选择一些寓含喜庆、清新、祝愿意味的词汇，以使人感到吉祥、欢快、祥和、闲适。如汴梁城的和乐楼、丰乐楼、清风楼、会仙酒楼等。临安城的熙春楼、风月楼、聚景楼、嘉庆楼、赏新楼、和丰楼、春风楼、太和楼、三元楼、五闲楼、赏心楼、日新楼、耸翠楼、春融楼等。还有一些酒楼使用严厨、任厨、陈厨、周厨、沈厨，以及翁厨等名称为字号，这显然是以酒楼内的名厨师作为招牌字号，以此吸引顾客。

有些店铺的字号，则直接点明本店经营的基本宗旨。如临安城内的仁爱堂熟药铺、三不欺药铺等，使顾客在未进店铺前，即对本店产生一个可以信任的感觉，留下一个良好的印象。

除店铺、酒楼外，两宋时期还有一些用姓氏或名字作字号的商品。如汴梁城大内西右掖门外街巷出售的“史家瓠羹、万家馒头，在京第一”。(《东京梦华录》卷三)还有张戴花洗面药等。临安城内出售的商品中，这种现象更为普遍。如戈家蜜枣儿、光家羹、宋五嫂鱼羹、职家羊饭、彭家油靴、宣家台衣、张家元子、邱家筚篥、魏大刀熟肉等。

两宋时期商业字号出现的这些变化和新内容，正是与当时社会商品经济快速发展，尤其是城市商品经济十分活跃有直接的关系。

在两宋时期的商业竞争中，有一些商家由于经营得法，其店铺或商品得到人们赞誉和认可，一直沿袭下来成为著名字号、名牌商品。“向者杭城市肆名家有名者，如中瓦前皂儿水，杂货场前甘豆汤，戈家蜜枣儿，官家口光家羹，大瓦子水果子，寿慈宫前熟肉，钱塘门外宋五嫂鱼羹，涌金门灌肺，中瓦前职家羊饭，彭家油靴，南瓦子宣家台衣，张家元子，候潮门顾四笛，大瓦子薛家筚篥。自淳祐年有名相传者，如猫儿桥魏大刀熟肉，潘节干熟药铺，坝头榜亭安抚司惠民坊熟药局。”(吴自牧《梦粱录》卷十三《铺席》)而此时的字号,已不仅仅是一个店铺或商品的名称，更是一种商业行为。字号的作用和功能，也不只是一种标识。应该看到，在商业竞争中产生的商业字号，实际上也给商业经营者带来很大的商机。两宋时期的商人显然已经比较充分地认识到这一点。

这个时期的商业经营者利用字号创立名店、名牌的做法，因其具有的良好经营效果，又能带来可观的经济效益，因此也被后世所继承。凡具有一定规模的经营者，必定要有自己的字号，也成为一种商业习俗。同时，使用字号的做法，也不再仅仅局限于都城，在古代的府、州、县和一些重要的商品集散市镇，商家也普遍使用字号作为自己经营的标识。这种经营方式，自宋朝以后，便成为一种商业传统，为后代所沿袭。

北京商业字号的出现

千年以来，辽、金、元、明、清先后在北京定都。北京成为我国北方地区，乃至全国的政治、文化和经济贸易中心，也使北京成为一座巨大的消费城市。元朝大都人口达数十万，每年政府通过漕运和海运运到大都城的漕粮就达300万石。清末光绪年间，北京城仅“不仕不农不工不商”的八旗人口就达二十多万人。都市巨大的消费需求,吸引了各地的商旅云集。商品荟萃,商铺剧增,更加刺激了古都北京的商业活力，促进了北京的商业发展，也加剧了北京的商业竞争。

辽金时期的蓟城，字号使用和对字号的记载不多。城内有专门进行手工业产品制作的“坊”，“坊”内分布着几十个“行”，如大米行、生铁行、小绢行、杂货行等。北城地区，即今西城区和平门、宣武门一带，有专门进行交易的“市”，市场交易的时间、地点、交易范围还受到政府的控制。元大都城的商业贸易已经不受“坊”的限制，东单、西四、鼓楼前，及什刹海沿岸都出

清末北京城门外字号招幌飘扬

现了繁华的商业区，分布着米市、铁市、皮毛市、马牛市、骆驼市、珠子市、沙剌（珠宝）市等同行集中的“行市”。明清时期北京北城的地安门外—钟鼓楼一带、东单—王府井—东四—隆福寺、西四—西单、宣武门—正阳门—崇文门“前三门”外等地区，及北京各城门外关厢地区，先后形成了多个繁华的商业区。商行集中，商业繁盛，商号密集，各商家几乎都要为自己的店铺冠以一个字号，作为商铺和所售商品的标识，又可作为一种竞争和自我保护的手段，北京的一些老字号就诞生于此。

商家字号的名称或俗或雅，或正或谐，或虚或实，形式或写牌匾，或挂招幌，或自行吆喝，丰富多样。字号这种商业特征鲜明，宣传效果明显的商业文化，在此期间得到普及和兴盛。有着各种字号的商号不断地涌现，各具特色，各领风骚，更新和调节着市场分布和市场格局，同时也有大量的商家字号，因为各种原因被淘汰出局。能够在商业大潮中历尽沧桑，保持不败的老字号，大多都能够顺应时代发展，准确把握商机，满足消费者的物质需求和审美需求。或具备独到的经营之道，讲求质量和信誉；或保有历代相传、一脉相承的独家绝技绝艺的名牌产品。具有独特的商业文化，才能最终成为有着深厚内涵的价值品牌。

纵览北京的老字号，是从明朝中后期开始才有比较详细记载的，如鹤年堂、六必居等。北京老字号的创业者，来源各不相同。既有本地人，也有从山东、安徽、浙江等地进京谋商的人，也有从官场、科场退下来的士人、文人等。本地人经商的，如月盛斋创建人回民马庆瑞、天源酱园创办人刘湛轩等。进京谋商创业，其中最有特点的是来自有区域性经营特长的地区，或经营特长的家族。如明清时期北京的茶庄几乎都由安徽歙县人经营,又称“徽帮”。北京的方、吴、张、汪、寇、孟“六大茶商”中的方、吴、张、汪都来自安徽，以张一元、吴裕泰、吴肇祥、汪元昌、汪正大等茶庄最为著名。又如前门和大栅栏一带赫赫有名的八家带“祥”字的绸布店“八大祥”，都是由山东济南府章丘县旧军镇的孟姓大家族经营。章丘一带开布行的人很多，孟姓家族早在三百多年前就在山东周村经营丝绸棉布，清朝同治、光绪时期，孟家的资本开始进入北京。再如清末民国初年，被誉称北京“八大楼”的正阳楼等八家著名的风味餐馆老字号，大多为山东人所创办，以经营山东鲁菜、面点为特色。因迫于生计而经商的，典型代表王致和。康熙初年，安徽举人王致和赴京赶考，一再落第，在漫长的留京备考期间，为了解决生计问题，在前门外安徽会馆，自制豆腐沿街售卖。科举虽数举不中，却成就了飘“香”北京数百年老字号品牌“王致和臭豆腐”。

老“字号”产生的背景各不相同。其一，字号的经营者是白手起家，由小到大，经过艰苦经营，积攒起财富、经营出特色，始终保持着高质量，建立起良好信誉，积累了名气之后，才给自己的买卖起字号，如东来顺、张一元、烤肉季等。其二，小商小贩小生意，原本并无字号，因为经营者本人的特征鲜明，或其产品有特色，由他人称呼而自认的字号，如王麻子、烤肉宛等。其三，买卖开张时就已经确定了字号，如瑞蚨祥、西来顺等。其四，随同行，以示同道。尤其清朝打破了某一类商品集中在一个街区分布的格局，商家自己的字号就更具标识性。如绸布行的“祥”

清末北京城门外店铺林立

字，瑞林祥、谦祥益、瑞生祥、瑞蚨祥、益和祥、瑞增祥、瑞成祥、庆祥。药店的“堂”字，同仁堂、鹤年堂、济安堂、长春堂、千芝堂等。刀剪行的“泰”字，德泰、祥泰、永泰、益泰、隆泰、兴泰、义泰等。其五，更名换号，如荣宝斋的前身为“松竹斋”，砂锅居原名为“和顺居”，而全聚德是买了“德聚全”的铺面房时更名的。其他还有意外“捡”来的字号，如“天福号”是因为主人的买卖没有字号，也置不起一块匾额，于是在旧货市上买了块旧匾“天福号”，感觉这是“上天赐福”予他的肉铺，就挂起来用了。传说鹤年堂因为所在之地原为明代宰相严嵩的后花园，“鹤年堂”即园中的堂名，这堂名就成了药铺的字号，就连流传至今的“鹤年堂”匾，也是当年严嵩手书的遗物。这些字号历经无数春秋，如今都是响当当的中华老字号，成为古都北京商业文化的宝贵遗产。

千年古都商道沧桑

元大都城内街道胡同纵横交错，整齐有序，如同棋盘。全城共有50个坊，都以街道为界线，虽然不再有坊墙，但仍然有坊门，上有名人或官员书写的坊名。坊门成为后来牌坊、牌楼的前身。元大都城内最大的市场斜街市就在什刹海北岸的日中坊。坊名即取其“日中为市”之意。

旧京商事商市

北京古称燕国，传统的农业经济比较发达，“膏腴、蔬瓜、果实、稻粱之类，靡不毕出；而桑、柘、麦、羊、豕、雉、兔，不问可知。”（《契丹国志》卷22）燕人受重农思想的影响，以男耕女织，自给自足为主要生活方式，有记载的商业活动并不多。

在北京房山琉璃河商周遗址考古发掘中，出土了一件距今3000多年的燕国青铜器，被称为“堇鼎”。鼎内沿上有一段铭文“匽侯令堇馔食太保于宗周。庚申，太保赏堇贝，用作太子癸宝障鼎。”是说燕国国王癸宝派一名叫堇的官员到宗周（镐京，今西安），去向太保（太保即召公奭，是燕国国王的父亲）敬献燕国美食。太保很高兴，就赏了一笔钱给堇。官员堇没有用这笔钱置田制车购物消费，而是用来进行了一场政治贿赂，铸造了一尊象征权利的鼎，敬献给燕国国王癸宝。这件事反映出了3000多年前的古燕国已经有了用货币（贝）进行交换的形式。

战国时期著名贤君燕昭王统治时期，是燕国历史上的鼎盛时期，距今已有2300多年。燕昭王即位之后，曾令人筑黄金台，也叫“贤士台”“千金台”，以重金厚币招揽各国贤才，至今仍被传为美谈。在此且不谈“君子不言利”，只是说明当时燕国已经有比较好的商品经济基础，才能吸引欲得“厚币”而来实现自身价值的各国贤士。

琉璃河遗址出土的“堇鼎”

秦汉时期北京地区人口密度大幅度增加。在和平门至宣武门一带，是当时燕国都城蓟城的北城所在，不仅已经发现了当时居民使用过的200个陶制井圈，也发现了当时人们使用的生活用品和铜钱，这个人口稠密区，也是北京地区最早的商业交易区。古代的井因为常与市结合，所以也常称为“市井”。过去北京的日常生活离不开井水，有一种说法认为，人们每天去井边打水的时候，就顺便在这里交换货物，就是“市”“市井”“市易”。“古之为市也，以其所有，易其所无者。”（《孟子·公孙丑》）

秦汉以后，在长城脚下，燕人与北方游牧民族有一些边境贸易，大多是以燕国的内地农产品、铁器等手工产品，换取长城以北游牧民族的各种牲畜，如马、驴、骡、骆驼、牛、羊等。作为运输工具，燕人的生活中渐渐地离不开负重耐劳的骆驼。也渐渐地视口外牛羊肉为餐桌上的美食。

隋唐时候，今北京所在的蓟城又叫作幽州城，是中国北方军事重镇。隋炀帝开通南北大运河，修通驰道，把幽州与富庶的江南地区联系起来。把军队、粮草、物资大量集结到幽州，同时也在客观上加强了南北货物的流通，带动幽州城“市”的繁荣。幽州城里居民约有40万人，都按“坊”居住。城北专门辟有进行交易的“市”，称幽州市、三市、互市等，作为固定的手工业作坊区和商业区，即是市场。市里设有市楼、市署，由市令管理。日中为市，每日按时击鼓集散。史料记载说，幽州城的私人手工业比较发达，商业贸易兴盛。

辽代和金代，蓟城成为辽国的陪都“南京”城和金代的首都“中都”城。辽南京城内有26个坊，居民10万户。城北的“市”仍然承袭了唐代幽州城的原有布局，但规模却扩大了几倍，成为国内最大的商品市场“三市”。由于地处南北交通枢纽，来自中原的各种农产品、手工业品、北方草原牧区及东北的各种畜产品，都在这里进行集散、交换。

金中都城中的主要商业区仍然在城北。这既是因为金中都城沿袭了“前朝后市，左祖右社”的传统，也因为金代新开凿的闸河通过城北，卸货码头就在北城老城区附近。通过运河从山东、河南、河北运至中都城的税粮和其他征调的物资、百货，大多卸放于此，这一地区的贸易数量和交易范围都大为增加，促使原来在城北的“市”更加活跃。

元大都的商市

元大都城在原来蓟城东北，以鼓楼为中心的开阔地带。元大都城的选址和布局对北京城的发展和商业区的形成影响非常大，明清北京城就是在元大都城的基础上继承和演变而成的。元大都城按照中国古代《周礼·考工记》记载的建都理想设计建造，全城布局中轴突出，“左祖右社，前朝后市”。以宫城、皇城为中心，左边（东侧）设太庙，右边（西侧）设社稷坛，前（南边）为中央衙署,后（北边）就是全城最大的市场斜街市（今什刹海北岸）。

元大都城内街道胡同纵横交错，整齐有序，如同棋盘。全城共有 50 个坊，都以街道为界线，虽然不再有坊墙，但仍然有坊门，上有名人或官员书写的坊名。坊门成为后来牌坊、牌楼的前身。元大都城内最大的市场斜街市就在什刹海北岸的日中坊。坊名即取其“日中为市”之意。

元大都是当时我国北方最大的商业中心。通过海运和京杭大运河，不仅江南的粮食、物资源源不断运到大都，全国各地以及海外各国的商品、货物也咸聚而来。马可·波罗称大都是“商业繁盛之城”，“外国巨价异物及百物之输入此城者，世界诸城无能与比”。元代黄文仲的《大都赋》描述元大都繁华富庶，商业兴盛的世象说，大都“华区锦市，聚四海之珍异；歌棚舞榭，选九

今日什刹海畔古色古香的店铺鳞次栉比

州之秾芬。招提似乎宸居，廛肆主于宦门。酤户何烨烨哉，匾斗大之金字；富民何振振哉，服龙盘之绣文”。“屠千首以终朝，酿万石而一旬。复有降蛇搏虎之技，援禽藏马之戏，驱鬼役神之术，谈天论地之艺，皆能以蛊人心而荡人之魂。”“天生地产，鬼宝神爱，人造物化，山奇海怪，不求而自至，不集而自萃。”意思是说大都热闹繁华的商业区，商店里汇聚了全国各地的珍奇商品；歌舞厅中，云集了天下最美丽的歌伎舞女。寺院建得如帝王宫殿般辉煌，商铺装饰得如官宦豪门般显贵。小酒店因为匾额上斗大的金字招牌而熠熠生辉，街道上富足的百姓因为穿着绣有蟠龙图案的服饰而光彩华贵。市场交易量巨大，屠畜千头，一个上午就售空；酿酒万石，不到十天就告罄。这里还有驯鸟的、耍蛇的、驯虎的，以及马术表演、说书和曲艺表演等，热闹非凡。在元大都城里，凡是自然界中生长出来的物品、鬼神都喜爱的宝贝、人工制造和自然生成的珍宝奇物，无论出自深山或海底，都无所不有。用不着大都的人去寻求和采集，都自然汇聚到大都的华区锦市之中流通和交换。

大都城内集中的商业区主要有两处。一个是城市中心的钟鼓楼及积水潭、什刹海东北岸的日中市，另一个是西四一带的羊角市。

什刹海的走向是从西北向东南倾斜的自然湖泊，在什刹海东北岸，依湖形成了大都城内唯一的一条斜街，日中市也因此又叫斜街市。积水潭、什刹海在元代的时候称为海子，水面比现在大得多，也是元朝新开凿的南北大运河的终点。在岸边的码头上，密集停泊的船只首尾相接，舳舻蔽水，南来北往货物云集，许多货物就在沿岸进行交换和售卖。斜街市商贾云集，商业荟萃，大小商号、茶楼酒肆、饭店客栈、宫观寺院，以及歌棚舞榭、曲艺杂耍等商业、休闲、娱乐场所集中，吸引着京城内外大批消费者，成为大都城内最繁华、热闹的地区。钟鼓楼周围的商品交易，主要有粮食、油盐、日用百货、布匹绸缎、干鲜果品、土产山货等，这里分布着段子（绸缎）市、皮毛市、帽子市、鹅鸭市、珠子市、沙剌（珠宝）市、铁器市、米市、面市等专业行市。

顺承门（今阜成门）内西四一带的羊角市，是大都城内的另一处集中的商业区。这一商业区内集中了羊市、马市、牛市、骆驼市、驴骡市等，以各种畜类交易为主。

大都城内，除这两个主要商业区之外，今东四西南还有枢密院角市、今南河沿大街以东的中枢省前有文籍市和纸扎市等、今旧鼓楼大街东北有靴市等。

外国商人到元大都进行商业贸易也很活跃，尤其是波斯、阿拉伯，以及高丽等邻近国家的商人。譬如高丽商人大多是以马匹、人参、高丽出产的一种麻布，叫毛施布，换取中国的日用品、纺织品、书籍等。

元大都市场上交易量较大的商铺主要有两类，一类是以经营日常生活必需品为主的商铺，如柴、米、油、盐、铸铁、靴革铺等，另一类是经营高档商品，以满足都城皇室和权贵们的享乐需求，如珠宝、锦缎等。珍贵珠宝甚至一粒就价值数十万锭。由于大都城是中央朝廷所在地，集中了大批消费能力非常强的皇室宗族、官僚政客、豪门贵族和富商巨贾，他们都是实力雄厚，而且多与官府权贵有密切联系，往往出手阔绰，一掷千金，一食万石，视钟鼎为土芥。因此针对这一类消费人群的商铺特别发达，顾客群体非常稳定。这也是首都商业不同于其他城市商业的特点之一。

在大都城周边，尤其是南城及各城门外，也有不少商号、集、市，方便居民交易。如丽正门（今天安门广场国旗处）、文明门（今东单路口南侧）外有菜市；安贞门（今安定门外小关）、顺承门（今西单路口南侧）外有果市等。大都城丽正门、文明门外的运河沿岸，商品交易也很频繁。南方来的运粮船在进入大都城水关之前，在今天东交民巷一带就地售卖江南稻米，因而称为东江米巷。清朝乾隆年间，此地已经早已不再有江南粮船，才更名东交民巷。

元大都南城外（今琉璃厂、宣武门、长椿街一带），也有许多商铺，商品交换也很活跃。南城外商业发展活跃的原因，一是这里原来就是辽南京城和金中都城的“后市”商业区，有一定的商业基础。二是这一地区居民人口稠密，除了原来老城的众多居民之外，元大都新城建成之后，曾规定除了“有赀”和“居职”者之外，都不得迁入新城。因此，老城居民和商贩为了进城方便，大量迁到距新城最近的旧城北部，便得这一地区居民增多，制作和销售日常生活用品的商铺也相对集中。三是大量从西方、南方沿陆路来元大都进行贸易的商贩，按规定不得进入大都居住，也都汇聚到大都城门外，“顺承（顺承门，今西单路口南侧）为南商之薮，平则（平则门，今阜成门）为西贾之派”，他们当中的一部分人就在城门外建商号进行交易，促进了大都南城外商业的兴盛。

元大都的城市布局基本为明清北京城所沿袭，大都城内外商市的格局对明清北京商圈的形成和发展也产生了极大的影响。

明清北京商市

明清北京城仍然是天下商货汇聚之地，是全国最大的商业贸易中心。随着元去明兴，改朝换代之后，北京城的商业布局也出现了很大变化。明朝打破了“前朝后市”的旧制，在大明门与正阳门之间的棋盘街形成全城最大的商业中心。棋盘街地处北京城内东、西两城交通要冲，又是五府六部等庞大中央机构官员的聚散地，因此在正阳门内的棋盘街、正阳门外的廊房胡同（廊房头条、廊房二条、廊房三条、大栅栏地区）形成了“朝前市”。

明代北京的市肆，相对集中在皇城的四周：城北在地安门外钟鼓楼一带；城东、城西的市肆分别在东安门外的东四牌楼、西安门外的西四牌楼一带；城南的市肆则在正阳门外，相对形成了四个中心。

明成祖迁都北京后漕运渐废，积水潭、什刹海日益淤积，水面缩小，原来北城繁华热闹的斜街市商业区也风光不再，逐渐颓落。而东城、西城、南城的商圈逐渐形成。西四缸瓦市一带商业发展程度已经超过钟鼓楼地区，明朝中期，正阳门内外和崇文门外很快发展为巨大的商业区。北京城商业区比元代的时候分布更广，形式也更多样。

除皇城四门外商业区，明代北京的市场还有内市、外市、灯

西安门及门外的商铺

正阳门外大街密集的商铺

市、晓市、庙市等专门集市。譬如设在皇城之内的内市，就是明代才有的一个特殊集市。它是按照一国之都，“宫阙之制，前朝后市”的旧制而设，在紫禁城玄武门外开市，每月逢四，听商贸易，称为“内市”，即特许在皇城之内为宫廷和官宦服务的交易市场。内市交易的货物，规格档次都很高，荟萃了大量传世奇珍异宝、文物、古董，外人难得一见。《天府广记·后市》记载说：“至内造如宣德之铜器，成化之窖器，永乐果园厂之髹器，景泰御前作坊之珐琅，精巧远迈前古，四方好事者亦于内市重价购之。”

城隍庙市、土地庙市称为“外市”。城隍庙市每月初一、十五、二十五日开市，位于闹市口以北的成方街（原城隍庙街）。庙市西起庙门，东到旧刑部街，长达三余里。庙会上古今图书、古董古玩、玉石珠宝、洋缎蜀锦、象牙犀角、内府秘藏、外国奇珍等等，“世不常有，目不易见诸物件，应接不暇。惟彼碧眼胡商，漂洋香客，腰缠百万，列肆商谈”，城隍庙市是京城士大夫们喜爱的市场，清初逐渐衰落。土地庙市每月初三、十三、二十三日开市，位于宣武门外下斜街（原土地庙斜街）路西。庙会上游人杂沓。其繁华程度，与明代护国寺庙会、隆福寺庙会并胜。

正阳门内棋盘街摊棚（1900年）

灯市在紫禁城东华门外，每年正月初八至正月十八日“上元节”期间开市。据说明代灯市是由宫廷内上元节观灯转化而来的。最初明代在紫禁城内乾清门前广场举办一年一度的赏灯活动，后来因为不利于安全，有火灾隐患而移出紫禁城。灯市右侧紧邻紫禁城皇宫，左侧为明朝十大王府，皇室贵族赏灯娱乐十分方便。逢灯市官府放假五天，京城市民无论官民、贵贱、男女老幼蜂拥而至，四方商旅也云聚而来。灯市期间，街道两边搭建华丽的街楼，供官宦商贾高价租用，赏灯宴乐。

灯市晚上放灯，白天为市。白天灯市是热闹的集市，以售卖各种花灯为主，也有各种小吃、日用百货和来自河北、天津、山东、江苏、浙江等各地官商带来的地方特产。买卖兴隆，是全城最热闹的地方。以至于“人不得顾，车不得旋”。每当天色渐晚时，灯市上各式彩灯皆明，有宫灯、台灯、壁灯、矗灯、走马灯等，还有趣味灯谜，并燃放各种焰火，一派热闹景象。

南城崇文门外的晓市，俗称东晓市。每天晨鸡报晓，交易就自动开始，天明即撤。晓市之所以避开日中而市，而选择拂晓为市，原是因为京城一些破落的官宦和富家子弟，以变卖家藏旧物为生，又怕被旧时熟人看见而失颜面，就选择天明之前去售卖。也有偷盗者趁天不亮销赃，最初都有些见不得人的意思，所以也叫黑市、鬼市。晓市以交换售卖旧货为主，货品比较杂，从家具木器到衣物布匹、书报笔砚，从金银珠宝到日用杂品，无所不包，真赝难辨，贵贱杂陈。晓市这种形式一直保留到清末民初，除崇文门外东晓市外，还有宣武门外晓市，俗称西晓市；德胜门外晓市，俗称北晓市。

明朝初年，政府因为京城商业不兴，“商贾未集，市廛尚疏”，在皇城四门（即今天安门、地安门、东安门、西安门）、钟鼓楼、东四、西四、西直门、阜成门、宣武门、朝阳门、安定门等处盖了几千间平房，或召民居住，或召商居货，统称为“廊房”。如正阳门外廊房头条、廊房二条、廊房三条、廊房四条等，尤以廊

东安门

钟鼓楼

房四条最为繁盛，嘉靖时期已经成为商业繁华区，北京修筑外城后，更形成了北京的商业中心，清乾隆时更名大栅栏。

明朝北京庙市众多，分布在京城内外不同地区，开市时间各不相同。最初，每当这些寺庙举行宗教活动的时候，香客众多，商贩们就汇聚来此贩卖小吃及宗教用品，后来逐渐扩大到也贩卖各种生活用品，还衍生出杂耍、表演、卖艺等活动，演化为寓宗教、商业、娱乐一体的庙会形式。

北京著名的庙市，内城有东四以北的隆福寺庙市、西四以北的护国寺庙市、阜成门内的白塔寺庙市、鹫峰寺庙市、东直门内的药王庙市；外城有宣武门内长椿街的报国寺庙市、下斜街的土地庙市、广安门内南横街的法源寺庙市、都城隍庙市、和平门外琉璃厂东街的火神庙市（厂甸）、左安门内的太阳宫庙市、花市大街的皂君庙市等。北京城周还有南城外的白云观庙市、东城朝阳门外的东岳庙市、北城德胜门外的黄寺庙市、大钟寺庙市等规模都很大。

明代在北京还出现了一些专业行市，以某一类商品集中在一个街区。这些专业行市大多在人口稠密，工商业者集中的地区。如前三门外的猪市、羊市、骡马市、煤市、柴市、米市、蒜市、鱼市、菜市、花市、瓷器市等，所售商品也多为日常生活用品。

明代形成的各个商业区，奠定了北京数百年传统商圈的基础，是北京老字号孕育的母体，对北京的商业布局影响很大。

北京商号知多少

在全国各大城市中，北京保留下来的各类老字号最多。北京的老字号涉及范围非常广泛，遍布京城内外。上至皇室贵族、高官大吏，下至书生名伶、士民百姓，各阶层日常生活的各个角落。饭店小吃、食品饮料、茶庄、药铺、娱乐、服务、丝绸布帛、服装鞋帽、书籍文房、古玩字画等各个行业，其中餐饮业和服务业的老字号最多。这些具有悠久历史的商品品牌，或商店招牌的老字号，成为北京厚重而又丰富的文化资源中反映帝都风情世相的独具特色的一道风景。

北京的老字号，随着时代的变迁和经济的发展兴衰沉浮，随着城市的发展和城市布局的调整起转承合。据记载，元代出现了富有特色的字号商店。《析津志辑佚》记载，元大都有“崇义楼、县角楼、揽雾楼、遇仙楼，以上俱在南城，酒楼也。今多废”。《京师五城坊巷胡同集》记载，明代北京城内的“明照坊”，即今东城区灯市口一带，有“吉庆、福顺、和远、宝源、顺宁等六店”。清朝乾隆年间，北京的字号商铺迅速增加，仅《帝京岁时纪胜》记载就有数十个之多：聚兰斋糕点铺、花汉冲香料店、仙禄居、玉山馆饭铺、同仁堂药店、王麻子钢针店等。清朝末年成书的《老北京店铺的招幌》中，收录了北京九城200余家有代表性的彩绘店铺招幌。从清朝末年到民国时期，记录下来的字号商铺多达千家以上。以市民生活所必需的行业为主，涉及行业齐全，种类繁多。

据有关部门统计，目前北京的老字号约有320家，其中百年以上的老字号有90多家。例如，创立于明朝嘉靖四年（1525年）的鹤年堂药铺和成立于明朝嘉靖九年（1530年）的六必居酱园，都是已有400多年历史的明代老铺；王致和臭豆腐、同仁堂药店均始创于清初康熙八年（1669年），距今也都有300多年；有200多年历史的砂锅居（乾隆六年，1741年）、月盛斋（乾隆四十年，1775年）；以及清朝末年开业的正阳楼（道光二十三年，1843年）、内联升（咸丰三年，1853年）、全聚德（同治三年，1864年）、瑞蚨祥（光绪十九年，1893年），均有百年历史。

新中国成立以后至工商业私有企业改造（即公私合营，1956年）期间开业的王府井百货大楼、中国书店、老舍茶馆、四联理发店等知名企业，也已经走过了半个多世纪，几十年来在社会上享有盛誉。

北京一些百年老字号，以历代相传的加工工艺，精益的产品质量，独到的经营之道，良好的商业信誉而远近闻名，历久不衰。随着历史的变迁，鉴于多种原因，许多老字号甚至还未来得及留下它们的发展踪迹，就已经在历史的长河中消失。目前有比较详细记载的老字号仅有大约 160 家，主要集中于商业、手工业、饮食业、服务业、民间艺术及文化、艺术领域，其中以饭店、食品店、文物珠宝店、服饰鞋帽店、药店等为主。

北京老字号的分类

现存的北京老字号分类，可以按创立时间及所属行业分类。

按创立时间分类

北京历史上商号无数，数百年来积淀至今，保留下来的老字号都有悠久的历史。现存可考的最“老”的商号，可以追溯到明朝中后期，最“年轻”的老字号，当是中华人民共和国初年至工商业私有企业改造前的公私合营时期成立的，几十年甚至数百年的时间不等。老字号按创立年代可以划分为三类：

（1）明清时期（1900 年以前）创立的老字号。如明朝嘉靖年间开业的鹤年堂（1525 年）和六必居（1530 年），清朝康熙年

鹤年堂

间开业的王致和（1669 年）、同仁堂（1669 年）、荣宝斋（1672 年）、烤肉宛（1686 年），清乾隆年间开业的都一处（1738 年），清道光年间开业的烤肉季（1848 年），清咸丰年间开业的内联升（1853 年），清同治年间开业的全聚德（1864 年），清光绪年间开业的长春堂（1888 年）、瑞蚨祥（1893 年）。

（2）清末至中华人民共和国成立前（1900—1949 年）创立的老字号。如北京饭店（1900 年）、东安市场（1903 年）、清华池（1905 年）、东来顺（1914 年）、稻香村（1916 年）、大北照相馆（1922 年）、森隆（1924 年）、仿膳（1925 年）、西来顺（1929 年）、又一顺（1948 年）。

（3）中华人民共和国成立后至公私合营（即对工商业私有企业改造前）时期（1949—1956 年）创立的老字号。如听鹂馆（1949

年）、王府井百货大楼（1955 年）等。

按行业分类

北京早期的生产和商品交流，分工并不明确，往往是经营者家庭式的自产自销，规模不大，或者前店后厂，边制作边售卖，如月盛斋的酱肉、大顺斋的火烧都是现做现卖；或者是按季节制作和销售，如烤肉季创始人季德彩，每年五月初至七八月，到什刹海荷花市场设摊烤肉，秋冬季节收摊回通州老家。商家往往集手工制作、商品营销、服务于一体。后来随着辽、金、元、明、清历代都城各个阶层对商品交流需求的不断增加，手工业、商业、服务业的分工才日益扩大。出现有原料供应地、生产基地、批发与零售皆俱的著名字号，如同仁堂药店、瑞蚨祥绸布店、张一元茶庄等。北京的老字号，以传统的手工业、商业、服务业为主，按不同行业可以分为十几类：

荷花市场

（1）饭庄：全聚德、便宜坊、仿膳、砂锅居、烤肉季、烤肉宛、都一处、致美斋、萃华楼、鸿宾楼、正阳楼、畅观楼、东兴楼、厚德福、曲园酒楼、同春园、淮阳春、玉华台、东来顺、森隆、西来顺、南来顺、又一顺、老正兴、白魁老号等。

（2）茶庄：张一元、吴裕泰、元长厚等。

（3）糕点糖果铺：稻香村、桂香村、稻香春、大顺斋、正明斋、信远斋、通三益、公兴顺等。

（4）酱菜园：六必居、天源、天义顺、桂馨斋、王致和、大有等。

（5）食品店铺：月盛斋、天福号、浦五房、聚宝源、双合盛、庆林春等。

（6）药店：同仁堂、鹤年堂、乐仁堂、万全堂、济安堂、长春堂、千芝堂、德寿堂等。

（7）文房书籍古玩珠宝：荣宝斋、戴月轩、一得阁、青山居、萃文阁、博古斋、文奎堂、松筠阁、来薰阁、中国书店、中华书局、商务印书馆等。

（8）百货：东安市场、西单商场、王府井百货大楼等。

（9）绸布店：瑞蚨祥、瑞林祥、谦祥义、元隆等。

（10）服装鞋帽：内联升、同升和、马聚源等。

（11）钟表眼镜：大明、精益、亨得利等。

（12）工艺制作：文盛斋、葡萄常、面人郎等。

（13）戏园：广和楼、广德楼、中和园、平乐园、长安戏院、吉祥戏园等。

（14）其他：北京饭店、清华池、成文厚、大北照相、王麻子等。

北京商圈的布局

北京的商业文化是北京丰厚历史文化的重要组成部分。历史上北京商业字号的兴衰发展，与北京老商业街的发展密切相关，更受到北京历朝历代城市布局调整的影响。唐代至辽金时期，以今广安门为中心的唐幽州城、辽南京城、金中都城人口稠密，聚集着大量手工业作坊，分布着交易繁盛的市场。

明清以来，“东四、西单、鼓楼前”始终是老北京城内的繁华地带。除此之外，内城的东单、西四、白塔寺，外城的前门外大栅栏、天桥、珠市口、崇文门外花市、瓷器口、和平门外琉璃厂、宣武门外菜市口等，到中华人民共和国成立前夕的前门—大栅栏地区、什刹海—地安门地区、王府井—东单地区、西单—宣武门地区等区域，都曾是北京老字号最集中的繁华商业圈。在历朝城市变革和商业发展的积淀之上，逐渐定型，成为北京传统商圈的重要组成部分。这些富有地域特色和文化魅力的商业圈，不断孕育和造就了一大批闻名遐迩、风格迥异的老字号。“四大恒”“八大祥”“八大居”“八大春”“八大楼”“八大堂”等蜚声京城内外的著名字号都集中在这些繁华商业区。

王府井大街

前门—大栅栏商圈

前门—大栅栏地区是京城历史上最著名的商业繁华区之一。元朝时候，自今长安街以南，至今前门大街两侧，为大都城丽正门外的关厢地带，已经是人口稠密、商贾汇聚之地。明朝定都北京之后，北京城的南城墙从今长安街向南推展到了前三门大街一线。官府出资在前门（正阳门）外修建了大批廊房，招民居住，或招商居货。这样一来，使原来商业比较发达的关厢地带又得到充实和发展。前门外廊房头条、廊房二条、廊房三条、廊房四条胡同就以此而得名。至明朝中期这里百货云集，日日有市。旅店、客站、商号门牌鳞次栉比，已成为京城商业繁盛之区。

弘治元年（1488 年），为了防盗和加强治安，政府倡议在京

前门外的字号招幌

城内外的道路、胡同、巷口置立昼开夜闭的栅栏。清朝时候，大小栅栏遍布京城。廊房四条的栅栏因为比别处高大坚固，所以被人称为“大栅栏”。到乾隆时期的北京史籍中，就以大栅栏取代了廊房四条的地名。明朝嘉靖三十二年(1553 年),北京修筑外城，前门外的繁华地区被包入外城之内，城外关厢成了城里，这一地区的商业贸易得到保护，内城各界人士娱乐购物更加方便。这里也是百官进出京城的重要通道，流动人员多，商机无限，吸引各地商贾汇聚而来，也因此成为南城最早的商业繁华区。

清朝初年，清政府因为内城逼近宫阙，例禁喧哗，不允许在内城设会馆、戏院、妓院，强令商铺迁出内城；还迫令居住在内城的汉族人迁到外城居住。一时间，大批商贾店铺和汉族居民纷纷迁到前三门外落户，正阳门以北的商业街也被废除了。而前门外大街及廊房头条、二条、三条，大栅栏人口密度大增，酒楼比肩，字号非常集中，招幌飘扬，且各具特色。

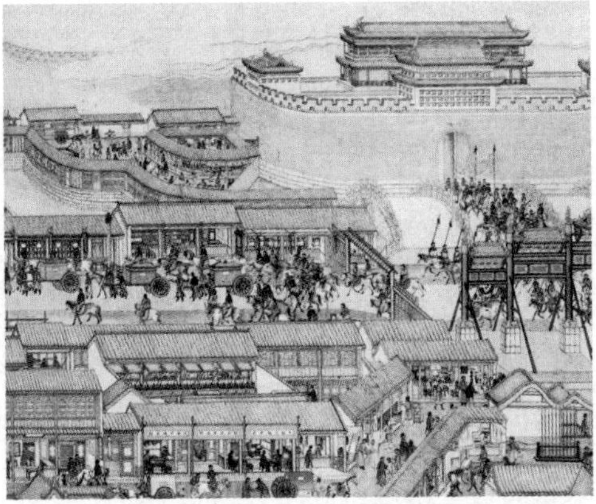

《乾隆南巡图》中的前门外大街商铺

清末民初，内城灯市也移到这里，更增加了这里的热闹，前门大栅栏商业区成为清代北京首屈一指的闹市。因为这里名店巨贾云集，酒楼戏院密布，又紧邻正阳门外，所以住在内城的豪绅达官经常携千金万贯出前门看戏、娱乐、购物。光绪十六年（1890 年）前门火车站建成后，前门成为南北铁路汇集，马路四通八达的交通枢纽，这一带更成为京城一处重要的商品集散地。

光绪二十六年（1900 年）八国联军攻占北京后，前门外繁华的商业区遭到洗劫。大栅栏商区的店铺被抢劫后，又遭焚毁，损失惨重。《都门纪略》记载说："祝融虐焰上千霄，金店银楼一律烧。百万商民齐束手，市尘景象太萧条。"过了不久，一些有实力的商家又陆续筹集资金，重新恢复了大栅栏繁华商区。

大栅栏地区集中了一大批著名老字号：康熙四十一年（1702 年）开业的同仁堂中药铺，还有康熙年间来到大栅栏的六必居老酱园，建于乾隆年间的都一处、月盛斋马家老铺、南恒顺，嘉庆二十二年（1817 年）开业的马聚源帽店，咸丰三年（1853 年）

开业的内联升鞋店，咸丰八年（1858 年）开业的步瀛斋鞋店，同治三年（1864 年）开业的全聚德烤鸭店，光绪十九年（1893 年）开业的瑞蚨祥绸布店，建于清朝末年的谦祥益绸布店，民国元年（1912 年）开业的张一元茶庄等近 40 家著名百年字号，以及广德楼、同乐园、大观楼等娱乐场所。它们都是历史悠久，有鲜明的商业特色，优良的产品质量，极高的社会信誉，并且大多都资金雄厚，与朝廷、官府和各种社会势力有千丝万缕的联系，在北京各商行中都是行业龙头的老字号。

隆福寺商业圈

隆福寺商业圈位于北京市东城区美术馆东街和东四北大街之间，是以一条东西走向的商业街（隆福寺大街）为主的一个商业区。

明朝初年，明成祖朱棣在营建北京城时，对元朝大都城进行了改建，阻断了京杭大运河自通州直达京城的通惠河。原来由水路运输的漕粮和货物，可一直运抵什刹海卸货上岸，明朝建都北京后，则需要先在通州卸货，再装车经陆路，由朝阳门进京。因此，毗邻朝阳门的东四地区的商业借交通便利之机，日渐兴盛。“四大恒”钱庄、永安堂药铺、合昌纸店、德祥益绸缎店等老字号都在东四牌楼附近。

隆福寺商业圈的形成，与隆福寺这座寺庙的修建有直接的关系。隆福寺始建于明朝前期的景泰三年（1452 年），位于东四隆福寺街路北。太监兴安请求建隆福寺，明代宗朱祁钰恩准。于是，

“建大隆福寺，役夫万人”，“费数十万”，“于四年（1453年）三月工成”。因这座寺庙是由明朝廷修建的，又称为“朝廷香火院”。同时，这座寺庙又是应太监之请修建的，所以这里很快就成为太监与外臣进行各种交易，尤其是政治交易的一处重要场所。正是由于这座寺庙所具有的特殊地位和作用，建成后不久，这里便出现官宦及各色人等香客往来如织的景象，庙内香火很盛，在庙外则逐渐形成了一处庙市，每月逢九、十日为庙市。

明末清初，随着北京城人口的增加，城市的扩建，特别是南城商业区的兴起，京城商业区的传统格局也发生了很大的变化。原在内城皇城附近的一些商家和形成一定规模的特色商业区，因清朝政府禁止汉人在内城居住及限制商贾经商，而大量商号迁出内城，到南城即外城谋求发展，内城的商家和店铺数量随之逐渐减少。东四商业区是内城为数不多的商业区之一，因而依旧保持着繁盛的景象。

清末朝阳门外密集的商铺

清朝北京内城虽然也有官方开设的市场，但对官宦士大夫们有严格的限制。“每日市门开，则商贾百货皆入。惟民得入，公卿士大夫皆不得入。入则有罚。”这对京城的官宦贵族来说，购物及消遣都很不方便。所以，他们便选择了不被朝廷限制的庙会，作为自己购物、消遣的场所。“庙会，谓之外市，系士大夫、庶民之所用。”清朝前期，原来在东华门外的灯市因妨碍宫城进出而被撤销后，一些商人又在东四附近继续开店，成为一处新的灯市。每年灯市散后，一些从外地赶来的商人还要在隆福寺周围继续出售自己所带的货物，或购买自己所需的商品。数日后，方才离去。这样在隆福寺庙会上，就出现了与宗教毫不相关的民间交易活动。这就为京城上至官员，下至百姓的购物带来了很大方便，提供了一处极好场所。各阶层人士纷纷来此购物，隆福寺庙会遂逐渐成为京城一处能满足不同阶层人士购物需求的商业市场。

清朝雍正三年（1725 年），清廷决定将隆福寺改为藏传佛教寺院雍和宫的下院，为此对隆福寺进行了大规模的改建和修缮。雍正六年（1728 年），工程结束后，更加吸引来自各地的香客。四方人等接踵而至，庙内的香火更加兴盛，隆福寺庙会的规模也随之迅速扩大。在此基础上，逐渐形成了以隆福寺为中心的商业街区。“每月之九、十两日有庙市，百货骈阗，为诸市冠。”隆福寺庙会也与护国寺庙会并列成为京城东西两大庙会。隆福寺庙会上既有日用百货、食品家禽，也有文房四宝、古旧图书、珍奇古玩，更有各种花卉，如春季的海棠、迎春，夏季的荷花、石榴，秋季的菊花，冬季的梅花、水仙等，各种商品琳琅满目，种类繁多。

其中，尤以金银珠宝等贵重、奢侈品和书籍最为著名。成为达官贵人、富商及纨绔子弟等经常光顾的地方。隆福寺庙会满足了北京城东，乃至京城内外各阶层顾客的需求。

到清朝末年，隆福寺庙会已成为一个纯商业性的集市和街区。每逢庙会，来自京城和外地的商旅就云集在此，“百货俱备，游人甚多，绝不礼佛。”这里除有众多固定的店铺之外，还有大量的流动商贩。在这些经营者中，还出现了自发的经营管理组织，负责协调彼此间的矛盾和争端。以保证商家有比较稳定的经营地点，避免出现争夺顾客的现象。道光二十年（1840 年）鸦片战争爆发后，清朝政府的统治出现危机，政局动荡。生活在京城中的市民结构和社会各阶层市民的生活发生了很大的变化，市民消费结构也相应起了变化。隆福寺市场上出售的商品亦随之转向日用消费性的商品，品种则涉及日常生活的各个方面，更加贴近百姓的生活。

辛亥革命后，京城开禁，市民的商品交易活动更加频繁。特别是京汉、京普、京山等铁路的修建，铁路运输业的兴起，极大地方便了货物的运输。北平火车站所在的前门地区吸引了内城和外地的众多商家汇聚在此开店经营，这一地区成为京城最大的商品集散地，与元明清时期数百年间形成的前门外商业区，共同形成了一个新的商业中心。京城商业重心也随之渐渐南移到前门地区。而与此同时，光绪二十九年（1903 年）在前门火车站与隆福寺之间，又建起了东安市场。原在隆福寺市场上的古旧书店、古玩店等店铺也大多南迁到了琉璃厂。这对隆福寺市场的经营造成极大的影响，为了维持经营，商家们便将销售对象转向社会下层，逐渐形成以经营日用品和风味小吃为主的特色。

中华人民共和国成立后，北京市政府一直十分关心隆福寺市场的发展。1951 年，实行公私合营。为了便于管理，规范经营，政府出资在隆福寺建起了 6000 平方米的四个大棚。并将原在隆福寺、东单、德胜门等处经营的 1100 多家商户，迁到大棚中集中摆摊售货。1956 年，实行公私合营后，改为国营商场。到 20 世纪 60 年代时，隆福寺商场建起了营业大楼，已有经营面积达 7600 多平方米，商品种类多达 2 万多种。商场曾改称“东四人民市场”，成为北京四大综合性商场之一。

1988 年，在东四人民市场原址上经重新改建后，又建起一座现代化的大型商厦——隆福大厦。它的总营业面积达到 2 万平方米。商品品种达到 35000 多种。成为北京城东一处大型综合商厦。

王府井—东单商业圈

王府井—东单商业圈形成得比较晚。清末漕运停废之后，东四牌楼商圈逐渐萧条。光绪二十九年（1903 年）开张的东安市场，随着商户的陆续迁进逐渐兴旺起来。庚子之变以后，东交民巷各国使馆和洋人在王府井、东单的消费，吸引了大批洋货商和百货商在这里开店。出现东兴楼、东来顺、稻香村、浦五房、全素斋、同升和、庆林春、亨得利眼镜、大明眼镜、利生体育等老字号。

王府井大街

西单—宣武门商业圈

西单—宣武门地区，因为地处西南交通要道的终点，从西南各省经卢沟桥、广安门进城的商旅和货物，多汇于此，因而形成西单—宣武门—菜市口商业区。另外，明清两朝大理寺、刑部、都察院、太常寺、仪鸾卫、翰林院等官衙，集中在西长安街上毗邻西单，这些衙门的采办及官员消费，更促进了西单—宣武门—菜市口商业区的繁华。鹤年堂、桂香村、天福号、鸿宾楼、又一顺、盛锡福、精益眼镜等著名老字号，都在西单—宣武门—菜市口商业区创业和发展。

宣外琉璃厂地区，则集中了荣宝斋、来薰阁、一得阁、萃文阁、松云阁、庆云堂、戴月轩、中国书店等大量文化用品商号。

西单牌楼

雅俗共赏的老字号名称

字号作为人的称谓，包含着传承、期待、祝福等特定的寓意，人们甚至将号视为自己人格、品德、意志、追求的写照。所以人们在为自己起字号时，多追求文雅和良好的寓意。后来，字号的这种言志、载寓、祈福的功能，被不断拓展使用范围。其中最具代表性的，是将字号这种形式运用于商业之中。字号作为商家店铺的名称，具有招牌和标识的功能，表现商家店铺的经营理念和追求，受到中国传统文化，特别是传统儒家文化的影响，蕴含着丰富的内涵。或以传统的伦理道德体现经营的宗旨，或寓含对顾客的良好祝愿，或显示自己的志向与理念，或彰显自己产品的独特之处等。雅俗共赏的老字号名称，无不蕴含着人文的色彩和商业文化的气息。

北京老字号的命名，形式很多，大致有以下九类，体现了古老京城商业文化的多样性：

（1）各商号店铺招牌取字最多，使用频率最高的，就是含有良好愿望和传统道德，以祈望兴旺发达、吉祥如意、致富有道、和气生财的仁义礼智信之类的字作为字号，如全聚德、同和轩、厚德福、致顺斋、大顺斋、东来顺、内联升等。清代文人朱彭寿作了一首《字号诗》，把中国商家常用的吉利字基本涵盖了进去："顺裕兴隆瑞永昌，元亨万利复丰祥。泰和茂盛同乾德，谦吉公仁协鼎光。聚益中通全信义，久恒大美庆安康。新春正合生成广，润发洪源厚福长。"任何商铺从这56个字中随意挑选三两个字，都能组成一个吉利而又得体的字号。如全聚德，原来是一家干果杂货铺，号"德聚全"，取"以德聚全，以德取财"之意。因生意蚀本难以维持，盘给了杨寿山开"挂炉铺"烤鸭。杨寿山将这三个字颠倒过来，改成"全聚德"，寓含"以全聚德，财源茂盛"之意。三个吉祥字顺序的颠倒，暗含店主人的更新和从头再来，新旧主人的追求也有稍许不同。

（2）直接或者间接使用店主姓名字号、特征、籍贯、地域的，如王致和、张一元、戴月轩、烤肉季、王麻子、葡萄常、淮阳春等。

（3）用地名和古迹做字号，如丰泽园、玉华台、柳泉居等。

（4）使用店、铺、居、斋、楼、堂、阁、轩、馆、坊、台等建筑名称作字号，如一得阁、五芳斋、六必居、正阳楼、文奎堂、便宜坊、听鹂馆、玉华台、来今雨轩等。

（5）北京饭店的字号，多为堂、楼、庄、居等。规模最大的叫堂，都陈设着高档家具，悬挂着名人字画。使用成桌成套的餐具，可以同时开出几十桌华宴，既可办宴会，又可以唱堂会，如聚宝堂、衍庆堂、庆惠堂；比堂略小的叫楼或庄，如北京的“八大楼”；再次之的叫居，如北京的“八大居”。

（6）也有一些行业的商家，用约定俗成的字为自己店铺命名，如老北京一些实力雄厚的绸布店多以“祥”字为号，瑞林祥、谦祥益、瑞生祥、瑞蚨祥、益和祥、瑞增祥、瑞成祥、庆祥这“八大祥”为代表。钱庄多以“恒”字为号，以恒利、恒和、恒兴、恒源这“四大恒”为代表。药铺多以“堂”字为号，以同仁堂、鹤年堂为代表。南方糕点铺多以“村”字为号，如稻香村、桂香村等。

（7）直接昭示店铺特色、经营范围、特色产品的也比较多，如仿膳、砂锅居、馄饨侯、面人郎、便宜坊等。

（8）集中在同一地区的同类行业，如同于 1929 年在北京西长安街上开业的淮阳春、庆林春、方壶春、四如春、鹿鸣春、同春园等 12 家风味餐馆，称为“长安十二春”。如在前门外打磨厂西口一带，刀剪铺的字号，就多以“泰”字为号。德泰、祥泰、永泰、益泰、隆泰、兴泰、义泰等。

（9）借已经在社会上树立良好品牌信誉的著名字号的影响，或表示与知名品牌同乡、同源、同师、同业、同质等，字号中多取自著名字号中的一两个字或取其谐音命名，如借“王麻子”之名的真王麻子、老王麻子、老老王麻子、汪麻子、旺麻子等；借“王致和”之名的王政和、王芝和、汪致和、致中和、同致和、天瑞和等；借“东来顺”之名的西来顺、南来顺、又一顺等。

（10）因为商家店铺特殊的历史，或者名人的到访、题字而命名、更名的字号，如都一处、一条龙、六必居等。

商家字号的名称或大或小，或俗或雅，或虚或实，或正经严肃或诙谐有趣，一些老字号的商家，字号中还都带有一些传奇的色彩，传说的故事，特殊的含义，让人经商购物消闲之间把玩与回味。

月盛斋，是穆斯林清真羊肉铺。“月盛斋”意为“斋月里开张，月月兴盛”，亦为“生意像穆斯林斋月一样兴盛”。

砂锅居，有雅、俗两个字号。雅的字号叫“和顺居”取和和顺顺之意，因为和顺居用一口明代的大砂锅煮肉，肉味奇香，食客盈门，进到这里吃过的，经过这里看过的，听到别人说过的北京人，几乎都对和顺居的大砂锅印象特别深刻，遂称其为“砂锅居”，这是俗称。后来店家索性把字号改成了“砂锅居”。

闻名京城的张一元茶庄百年来开了多家分号。光绪二十六（1900 年）开的第一个铺面叫“张玉元茶庄”。“张玉元”三字中，张代表茶庄主人张文卿；玉字取自“玉茗”，寓意茶中之精品；元为初始第一。光绪三十四年（1908 年），第二个茶庄开张，挂起“张一元茶庄”的招牌。“张一元”三字仍取张文卿之姓，一元取自“一元复始，万象更新”，象征买卖永远兴旺发达，不会衰落。果然，张一元茶庄的经营很快就有了可喜的发展。1912 年张氏第三个茶庄——“张一元文记茶庄”在京城最为繁华的大栅栏又乘势开张。“张一元”三字沿用了第二个茶庄的名号，“文”是张文卿名字中间一字。这个字号历经近百年，牌匾至今仍在大栅栏高悬。可民间一直习惯把“张一元文记茶庄”，简称为“张一元”，主人也因此把“张一元”作为了传世的百年招牌。

都一处的字号，富有传奇色彩。小店最初没有大号，店主姓李，就叫“李记”酒店。传说乾隆十七年（1752 年）旧历年三十夜晚，大小饭庄、酒楼都已经打烊谢客。地处前门外大街、正阳门外御道旁边的李记小店，仍然点烛迎客。此时，一主二仆三位客人进得店来，边吃边聊。客人对酒香菜美，招待殷勤很是赞赏，并问小店的字号叫什么。伙计回答说酒店小还没有字号。客人望着窗外平日热闹繁华的商铺家家都打了歇，感慨地说，这时候仍然还不关门歇息的酒店，京都就独有这一处了吧，就叫“都一处”吧。数日之后，皇宫里突然派人来到小酒店，送来了一块题为“都一处”的木质黑漆牌匾，大家这才知道，原来大年三十晚上是真龙天子驾到。乾隆皇帝微服出访回宫时路过此处喝酒，回宫后又亲自为这个不知名的小店御笔书写了“都一处”这三个端方遒劲的大字。店家当即对着匾叩头跪拜，并把它高挂在店堂之中，还把皇帝坐过的“龙椅”包上黄绸，供起来，不许客人再坐。还把店堂中皇帝走过的一条土路“保护”起来，成为“土龙”。以后，酒客们在此边饮酒边谈论店中的“御匾”“御道”，酒趣十足：“一杯一杯复一杯，酒从都一处中来。座中一一糟丘友，指点犹龙土一堆。”“都一处”因此而得名，也因此而一夜红遍京城，身价倍增，生意更火了，许多人慕名而来。除了一睹匾额真容，也为品尝小店独一无二菜肴的美味。

瑞蚨祥的字号，既是家族字号，又有商人逐财趋利的愿望。山东孟家实力雄厚，早年在老家就开设了丝绸棉布店和金店、钱庄，号“万蚨祥”。孟家的字号都为“祥”，祥为吉祥福瑞之意。而“蚨”字，取“青蚨”之意，寓意为铜钱。青蚨是古代传说中的一种飞虫，形似蝉。东晋的《搜神记》里这样记载着这种虫子的神奇：“南方有虫……又名青蚨……生子必依草叶，大如蚕子。取其子，母必飞来，不以远近。虽潜取其子，母必知处。以母血涂钱八十一文，以子血涂钱八十一文，每市物，或先用母钱，或先用子钱，皆复飞归，轮转无已。”青蚨有还钱的“本事”，钱用去了还会飞回来，符合商人心理。光绪十九年（1893 年），孟洛川投资八万两白银，在大栅栏正式创办绸布洋货店，号“瑞蚨祥”。

内联升的字号，与瑞蚨祥追求逐本求利，以钱生钱，希望财源滚滚来的愿望有所不同，在经营方向上十分明确，把主要销售对象瞄准在上层社会那些坐轿子的高消费人群。针对他们的心理，为鞋店取名“内联升”，“内”即皇宫，“联升”是“连升”的谐音，取其穿这里制作的鞋入大内，官级连升的吉祥之意，迎合仕途之人平步青云、加官晋爵的意愿。

说起六必居的字号，更是常为京城人所乐道。一传六必居早年的经营品种多，“开门七件事，柴米油盐酱醋茶”，除了不卖茶，七类生活必需品中，经营其中的六类而得名“六必”。二传六必居早年酿酒讲究品质，做到“黍稻必齐，曲药必实，湛之必洁，陶瓷必良，火候必得，水泉必香”。就是说酿酒所用的各种粮食原料必须备齐。酒曲下料必须按配方，酒曲浸泡必须保持清洁，酿酒用的陶瓷器皿必须精良，火候必须掌握恰到好处，酿酒泉水必须选择上乘香甜。酒铺由此而得名“六必居”。三传明朝嘉靖年间有六个寡妇合伙开酒馆，她们想请当朝宰相严嵩为酒馆题名留字，扩大影响。严嵩居然应允书写，六人合办，就是六颗心，所以写了“六心居”三个字。落笔后再斟酌“六心”必不能“同心”，就在“心”字上添加一撇，成为“六必居”。三传的文化色彩最为浓郁。

百年老号经营有道

北京明清以来数百年的商业活动中，一些著名老字号闻名遐迩，长盛不衰，如至今驰名中外的全聚德、同仁堂、稻香村、东来顺、六必居、荣宝斋等，这些老字号虽然经营范围不同，发展历程不同，但都具有独特的传统文化特色，具备独到的经营之道和历代相传的独门加工工艺。

北京老字号的政治色彩

北京是千年帝都，弥漫着浓厚的帝都文化。老北京的商业经济和老字号的兴衰沉浮，都与各个朝代的政治、历史、文化有着千丝万缕、密不可分的联系。官场文化无处不在，也影响着商业文化。历代宫廷与庞大贵族官僚群体的物质需求和物质欲望，直接引导京城的商业趋向，刺激京城的商业发展。北京的老字号身上，或多或少都沾染着帝都色彩。皇帝坐过的椅子、涮过的火锅，皇帝钦赐的匾额、朝廷特颁允许进宫的腰牌、宰相状元亲笔书写的楹联牌匾等，都成为商家炫耀自身特殊价值或唯一价值的资本；拥有宫廷秘方和前朝宫廷御厨，是商家招揽客户的制胜法宝；为朝官制作靴、帽、锦袍，为名人提供笔、墨、纸、砚的商家，获得名人题字写匾，都能因此而闻名京城；官员投资，官商结合，是商家在激烈竞争中寻求的政治保护，也是权贵官僚对利的追求。

京城商业文化中，有激烈竞争的残酷，也有帝王宫廷、名流官贵传说掌故的轻松与趣味，展现了京味商业文化的独有魅力。

与皇帝和皇宫结缘

都一处和南恒顺原本都是开在前门大街上的无名小店，酒香不一定巷子深。它们都是因为皇帝在微服私访回宫的必经之路上，临时造访了小店，使两家小店得到了声震京城的知名字号。从此身价倍增，远近闻名。许多食客慕名而来看匾、落座、就餐，店主人抓住机会，一方面提高店里菜肴的质量，一方面利用真龙天子的驾临做文章，既抓住了食客好奇、探秘、寻趣的心，又抓住了商机，至今生意兴隆。

同仁堂康熙初年创建后，乐家以自己多年行医贩药经验和通晓中医药知识的优势，潜心研制和经营，药品质量上乘，疗效明显，不断扩大销售市场，很快便在京城崭露头角，小有名气。雍正年间，同仁堂凭借精良药品，成为向清宫廷提供生药的商家。皇宫御药房配制成药时，也经常传同仁堂派人入宫负责制作。光绪时候，慈禧太后传下懿旨，命同仁堂直接为宫内制药。不准再从宫外派人入御药房制药，甚至还令清宫内御药房专为皇帝、皇后及妃嫔们配药的用药，也交由同仁堂操办。同仁堂凭借着与皇宫的特殊关系，不仅名声大振，而且每年有大量官银入账。其上乘的药品质量，又为它赢得良好的信誉。同仁堂的生意益发兴隆，逐渐发展为资金雄厚，注重质量、信誉，驰名京城的大药店。

月盛斋和六必居的生意无法与同仁堂相比，但它们同样得到了皇宫的特许，产品可以直供皇宫。月盛斋开店的位置非常重要，在正阳门与箭楼之间，后来在户部街（今天安门广场东侧）正式开店。这里是文武百官上下朝的必经之路，又守在中央机关户部门口，主要客户群是出入朝廷的高官。月盛斋精心制作的酱羊肉得到了朝廷官员的好评，很快消息便传入宫中，月盛斋竟然跻身

前门外字号林立

进入了御膳房的食谱，并且参与宫中祭品的制作。月盛斋荣耀地得到出入宫廷的“腰牌”，成为供奉皇家的商号。拥有这种特殊身份，提升了月盛斋的品牌价值，使月盛斋更加名声显赫，生意“像斋月一样兴隆”。六必居的酱菜色泽鲜亮，酱味浓郁，脆嫩清香，咸甜适度。六必居的甜酱八宝瓜、甜酱八宝菜、甜酱甘露、甜酱黄瓜、甜酱小酱萝卜、甜酱黑菜、甜酱姜芽、甜酱什香菜、甜酱瓜、白糖蒜、稀黄酱铺淋酱油等 12 种传统特色产品，曾被选为大清宫廷御用食品。六必居因此成为清宫皇室御用商号，并特赐予一顶红缨帽和一件黄马褂。六必居把两件御赐衣帽视为品质和身份的象征供在店里展览。但在“文化大革命”中，这两件衣帽不幸遗失。

天源酱园与六必居借特供皇宫进行宣传有着异曲同工之妙。天源酱菜以鲜、甜、脆、嫩、酱香馥郁而驰名京城。天源酱菜的美味也列进了清宫御膳谱。相传慈禧太后对天源的“桂花糖熟芥”大为赞美，并令供奉清宫御用。天源也借此把装过这种御用产品的坛子，供在红漆大木架上，并且挂以“上用糖熟芥”五个大字作品牌广告招徕顾客，引得众人纷纷购买品尝和送礼，一些豪门官贵也都成了天源酱园的座上宾。

仿膳是清帝退位以后，在昔日皇家园林北海内开设的仿清宫御膳餐厅。借宫廷菜谱和原宫廷御厨掌勺，展示独有皇家饮食文化，成功达到商业目的。

按照“宫廷秘方”制作特色商品，也是一些老字号用来宣传推销的绝招。信远斋的桂花酸梅汤、通三益的秋梨膏、月盛斋的酱肉等，都将自己的特色美味宣传为是按清宫御膳房“宫廷秘方”的加工方法制作的。它们的产品因此知名度极高，深为京城各界所接受。

与王府结缘

砂锅居是与王府结缘，以王府的砂锅、王府的菜和王府“祭品”的招牌，才使其“名振京都三百载，味压华北白肉香”。砂锅居在缸瓦市路东，这里原来是清朝定亲王府的更房。定亲王府占地 40 余亩，最西侧就是临街的更房。当时，清朝恪守祖制祭天祭祖，朝、夕、日、月祭等祭祀频繁。王府内祭祖时，选用上等活猪，不加调料用大锅白煮为“牺牲”。撤祭之后，大量供品也给府内仆役分享。定王府内的更夫们在更房内的王府西墙上挖了个洞，逢王府有祭祀活动时，就用得到的王府祭煮白肉做几笔小买卖。王府西墙外，正是北京城西四一带已有几百年历史的繁华商区，这里商号多、人流大，买卖也好做。更夫们与王府厨师们共同谋划，在王府更房墙外盖了三间房，正式开了一家专门仿照王府膳食制作菜肴的“和顺居”。从此定亲王府的菜和王府“祭品”流传到民间。清乾隆初年，和顺居从定亲王府内找来一口深约三尺，直径约四尺的硕大砂锅煮肉，据说这是皇室供奉神灵时煮食祭品的神锅。京城市民都觉得新奇，没钱的路过看看，有钱的进来尝尝，和顺居用大砂锅煮肉味道鲜美独特。日久天长，市民们就把“和顺居”俗称为“砂锅居”，而且叫响京城。店主人顺着又挑起了一块“砂锅居”大匾，与“和顺居”同悬一处。时间一长，“砂锅居”的名字越叫越响，“和顺居”反而不大有人知道了。

说起北京的烤肉，银锭桥畔的老字号烤肉季，与南城的烤肉宛共享“南宛北季”之誉，驰名京城百余年。烤肉季起步于什刹海荷花市场。荷花市场每年夏秋两季开市，开市期间，什刹海畔游人如织、商贩云集，热闹非凡。它与东边咫尺之距的地安门、鼓楼商业区遥相呼应。许多商家小贩一年也只做荷花市场这一季买卖。清朝道光年间才开始来到荷花市场做小买卖的通州人季德彩，在银锭桥北设摊经营烤羊肉。清代的北京城有“南汉北旗”之说，北城居住的旗人比较多，爱吃而且会吃烤肉。季德彩独特的烤肉风格很吸引北城的王公贵族，季家烤肉摊在荷花市场也是小有名气。风光秀丽旖旎的什刹海周围，有许多清朝王公权贵的豪宅大院，如后海北岸的醇王府、后海南岸的恭王府、定阜大街的庆王府、毡子胡同的罗王府、银锭桥附近的允䄉府和允禑府、积水潭南的弘曝府和弘曕府，以及张之洞的可园、宋小濂的止园、麟文瑞的花园、涛贝勒府花园、金氏园、水东草堂等。王公贵族、文武官员、太监衙役往来不断，成了烤肉季的常客。季德彩的儿子,人称“季傻子”的季宗斌,开始打周围满族高官权贵们的主意，大户预订、送货上门、服务到府。季宗斌亲自带着伙计，到附近的大宅府邸应差，并与他们交了朋友。据传说摄政王载沣很爱吃烤肉，时常会点名要吃季家的烤肉。曾经有其他商家想进入这一领域经营，但都是枉费心机。

官商结缘

东来顺创始人，就像绝大多数创业者一样，是从河北沧县来到北京寻求机会的一介平民，在东直门外摆摊卖粥起步，毫无政治背景。清末光绪年间，北平政府在原皇宫禁地的东安门外建立了东安市场。巧于钻营的丁德山，看准了这个发展机会，借助政治势力达到自己的目的。在东安市场一带，有位叫魏延的太监很有权势，丁德山百般巴结，使尽招数，请他白吃白喝，甚至认他做自己的干爹。结果，依靠了“干爹”的权势，丁德山不仅在东安市场白占了一块地，建起了“东来顺粥摊”，还从“干爹”手里得到了几百两银子，扩大了资本。后来，东来顺一路发展成为京城餐饮业中实力雄厚，声名显赫的王牌字号，在巧于经营，善于经营的同时，敏锐的政治意识始终伴随。

稻香春的创始人张森隆，善于经营和设计，头脑灵活。他认为东安市场、王府井、东交民巷等地顾客群的购买能力强，东城、北城一带王府贵宅、豪门官宦之家多，而这一带原来有名的正明斋、聚庆斋、宝兰斋等饽饽铺，产品陈旧，品种又少。经过市场调查和研究，审时度势，确定采取有针对性措施，兼并同行，全面推出多品种的精品南味食品，以迎合这一带消费群体的口味。张森隆精于用各种方法从不同渠道广泛筹集资金，借鸡生蛋，扩大生产规模。人称稻香春商业成功的原因，是张森隆的“三多五有”。其中的“三多”，即同乡多、把兄弟多、联络关系多。他不仅广泛结交商界名流、知名企业老板、财东，还与警界、地头蛇等权势人物结拜为把兄弟。张森隆从中获得支持和保护，建立广泛的良好的社会联系，成为东安市场联合会会长、市商会理事、商事公断处处长，官商一体，增加了稻香春的政治资本和社会知名度。

北京老字号的儒雅风韵

北京这座千年古都，以其博大精深的文化，留下了古都特有的儒雅风韵，飘散在京城的各个领域。北京的老字号，在激烈的商业竞争中，仍然以不同形式展现着自己的文化内涵和文化情调。

北京作为全国的首都，政治地位特殊，全国各地的文人、士子，纷纷在北京定居，因而汇集了天下文人学者。有鸿儒巨匠，文人墨客，也有文员书商，书生学子。他们或为官，或成名，或准备为官，或希望成名，在京目的虽不同，却都与北京老字号有过亲密接触。因为北京文人多，所以为文化人服务的文房、书肆就多，文人经营的文房、书肆、古玩、珠宝的字号也多。北京的儒商多，由名人命名和题字写匾、作诗楹联的老字号也多。北京的商家字号文化内涵丰富，诚信经商，和气生财的中国传统儒家文化，处处体现在商业活动中。

北京的文人墨客多。明清时期，用于选拔官吏的科举制度已经非常完善，由礼部举行的科举会考每三年一次，吸引了全国各地的文人举子赴京赶考，每科参加考试的举子多达数千人，光绪朝参加科举考试的人数甚至达到了一万人。金榜题名，封官受禄

琉璃厂文化街

者只有区区数百人，大量的落榜者中，很多人选择了留京再试。年复一年，科复一科，大量考试人口居住京城。作为科举考场的贡院附近，尤其是崇文门外、各地会馆集中的前三门外最为集中，使这一地区云集着诸多售卖笔墨纸砚文房四宝、古旧书籍、字画、古董古玩等商家。琉璃厂一带逐渐形成了京城著名的文化商业区。尤其是清朝乾隆中期以来，为编纂《四库全书》，调集了全国著名文人学者 2000 多人到北京参与编修。编纂者经常到琉璃厂寻访图书，各地书商也闻风而动，云集琉璃厂，书摊书铺日渐增多，达到 30 多家。这里成为京城文人荟萃之地，来京的文人以逛琉璃厂为乐事。

琉璃厂经营文房、书肆、古玩、珠宝的字号也多。碑帖字画铺、古董铺、刻字图章铺、湖笔铺、南纸铺、古钱铺等商号店铺比肩而立，琉璃厂的来薰阁、邃雅斋、文奎堂、松云阁、中国书店、肆雅堂、窦文堂等，都是著名的老字号书店。松竹斋（荣宝斋）、宝晋斋、青云斋、清秘阁、荣禄堂等老字号南纸铺最为有名，众多知名学者在这里代销物品，南纸铺还从名家的润笔收入中提成。戴月轩的湖笔，槐荫山房的徽墨，博古斋的宣纸，一得阁的墨汁，庆云堂、观复斋、宝古斋的书画，韵古斋的古玩等都是琉璃厂这些老字号的知名产品。这些老字号的匾额几乎全部都是出自名人名家。

北京的文人多，文人经商也不少。有的是科考落第者，滞留京城而不归，还有一些则是官场的失意者或从官场上退下来的旧官员。清代王致和经商很有代表性。康熙初年，安徽举人王致和赴京赶考，一再落第，滞留京城，在漫长的留京备考期间，为了解决生计问题，在前门外安徽会馆，自制豆腐沿街售卖。科举虽屡试不第，却成就了飘“香”北京300年，“臭”名远扬的老字号品牌“王致和臭豆腐”。文人经商，

琉璃厂文化街一角

在追求经济效益的同时，有意无意间，通过经商活动表现出自己的品位和文化修养。譬如通过起字号的形式，既向世人宣传和展示自己的品牌，同时又显示自己的经营理念。仁、义、礼、智、信和温、良、恭、俭、让等儒家思想体现得自然而又充分。字号这种商业文化，恰恰为他们提供了展示自己文采和标榜自己志向、品位、情趣的舞台。正是在这样一种追求儒雅的社会风尚下，许多儒商在长期的经营活动中，恪守诚信为本的经营理念，以世代相袭的优质服务，良好的信誉，上乘的品质质量，赢得顾客的信任。其字号也因此在社会上名声大作，为世人及后人所认可和称

颂，而成为著名的老字号。王致和虽然科场不得意，但他创制的臭豆腐却常常被科场得意的人所赞美，所以尽管王致和南酱园规模不大，产品大众化，科举状元们仍然争相来为“举子老板”捧场，以此表明对儒商的尊敬。

名人命名和名人题字写匾很多。古都北京名人资源非常丰富，历史上皇帝、宰相、状元、学者、文人、书画家，都曾留下珍贵墨迹。“都一处”烧卖馆的虎头牌匾为乾隆皇帝所题，“六必居”的匾额传说为明朝宰相严嵩所书，“西鹤年堂”中药铺的匾，相传是严嵩之子严世藩所书，“荣宝斋”“韵古斋”“天源酱园”为清末状元、工部尚书和吏部尚书陆润庠所书，“宝古斋”店铺匾额是清朝咸丰年间状元、工部尚书、光绪皇帝的老师翁同龢题写的，“仿膳”“又一顺”“月盛斋”匾额是清朝末代皇帝溥仪弟弟溥杰书写的。而“王

宝古斋

致和”和“南酱园”,则分别出自两位科举状元孙家鼐、鲁琪光之手。

其他如大栅栏“乐家老铺”为寿铠所书，“瑞蚨祥鸿记”茶叶店为吴春鸿所书，“稻香村南货店”为寿石公所书，琉璃厂的“商务印书铺”为郑孝胥所书，“中华大药房”为冯公度所书，“亿兆百货店”为张伯英所书，“静文斋南纸店”为徐世昌所书，“步瀛斋”鞋店为毛昶熙所书。齐白石、张大千、徐悲鸿等名家在北京老字号牌匾上也都留有墨迹。现代名人则数郭沫若、赵朴初、董寿平、启功等题匾较多。

名人为字号楹联作诗也很多。“天高地厚千年业，源远流长万载基。酱佐盐梅调鼎鼐，园临长安胜蓬莱。”这是清朝一位科举状元王垿为天源酱园题写的一首“天源酱园”藏头诗。诗文虽夸张，却表达了对天源酱园的厚爱。天源酱园把这四句藏头诗，曾经长期悬挂在门前面临长安街的四根红漆木柱上作炫耀。咸丰朝的状元孙家鼐，为王致和南酱园写过两副对联，分别是“致君美味传千里，和我天机养寸心”；“酱配龙蟠调芍药，园开鸡跖钟芙蓉”。四句联起来也是一首藏头诗，首字横读为“致和酱园”。只可惜写有这两副状元门联的四块木质牌板，在“文化大革命”中遗失了。清朝末代皇帝溥仪的老师朱益藩为信远斋书写“信远斋蜜果店”匾额，还特意为信远斋写了以“信远”为藏头的对联：“信风开到途糜经，远浦芬来兰慧香。”

北京老字号中更多的是普通人写的招牌和匾额。北京文人多，民间藏龙卧虎。字体端庄、书法出众的招牌鳞次栉比，走进北京各个商业区，犹如走进书法艺术展，不但能细品字号的文化韵味，更可以欣赏到不同风格的书法艺术作品。这其中不乏书法精品，如 300 年前无名氏书写的“天福号”等。

北京老字号的经商之道

老字号能够在京城商业大潮中长盛不衰地“老”起来，赢得传世商誉，名扬天下，有多方面的原因。

1. 坚持重质量讲信誉的观念。恪守质量第一信念，赢得良好社会信誉，谋求长久经济利益。老字号之所以能够在顾客心目中占据重要的位置，光有好店名显然是不够的，店好仍需货好，往往需要长期的质量、诚信积淀。六必居的酱菜品质精良，色、香、味、口感俱佳，数百年来声誉卓著，是靠严格的质量把关。每道制作工序都严谨精细，毫不马虎。如制作甜酱瓜，一定要用当天午前采摘并送到店里的老洋瓜，清洁之后，在盐水中浸泡 36 小时，再投入酱料腌浸 48 小时。经过 24~48 小时晾晒、翻个，再用甜面酱腌制。其后每天再对酱瓜打耙七八次，每次打十耙。这样酱制而成的甜酱瓜，香甜脆嫩，老少咸宜。六必居酱菜制作精良、货真价实，虽然价格较高，但销售旺盛，成为人们的馈赠佳品。烤肉宛、烤肉季有京城烤肉“南宛北季”之誉，东来顺的涮肉享有“中华第一涮”的美誉,全聚德的烤鸭号称“天下第一吃”。100 多年来，这些传世品牌，全靠它们在长期经营实践中逐渐积累形成。全聚德“鸭要好，人要活，话要甜”的三字经，张一元的“人品如茶品、做茶先做人”，无不反映出老字号的经营之本和治店之道。

2. 有能够持久发展深入人心的经营理念和完善的典章制度。老字号在长期经营中逐渐形成了精辟独到的经营理念。通过祖训、家训、家规、家法、店规、店训等形式，制定完善的典章制度，依靠传统文化影响，对后代子孙具有约束力，自觉遵循，不得违越，使老字号完善的制度得以延续，是老字号长久发展的制度保证。同仁堂的药品货真价实，有药到病除之效。所制丸、散、膏、丹药品配方好，选料精，炮制细。数百年来秉承“炮制虽繁必不敢省人工，品味虽贵必不敢减物力”的古训，持养生济世之方，讲仁心仁术之道，成为历代同仁堂人遵循的经营理念和行为准则。同仁堂制药所用原料，无论贵贱，都投料准确、充足；制法严格按照前人的古法炮制，丝毫不省简。有的丸药需要经过六七十道工序才能制成。制作过程无论繁简，都精工细做。因此它所售出的生药和生产的成药，素以货真价实，疗效显著而著称。就凭借着这一点，同仁堂赢得了顾客和市场，也使它的一些成药成为名扬天下的品牌，被社会视为独家特产。瑞蚨祥以其制度严格，质真价实，服务周到，多种经营为特点，秉承百年宗旨“至诚至上、货真价实、言无二价、童叟无欺”的店训，不断壮大，历经百年而不衰。

3. 拥有无法替代的特色产品，优质特色的服务。特色鲜明的传统产品或技艺，同时拥有生产制作的核心技术，核心配方。由

义聚公松江布加大一尺促销

于大多数老字号都是家族式生产经营，甚至前店后厂，自产自销，独家秘方独家经营。不传外人，严格保密，令他人难以仿效，使老字号保持长久不败。闻名京城的正阳楼涮肉，以刀工技艺为人称道，精湛的刀工在京城堪称一绝。羊肉片切得又薄又细，方正匀称，切成的肉片摆放整齐，显现出红白相间的纹理，宛若艺术品。此独门技艺，京城无人能及。食客来此享受肉嫩汤美的涮羊肉的同时，欣赏刀工师傅的刀法技艺成为食客的一大乐事。后来东来顺的丁德山，出高价把正阳楼饭庄技艺高超的切肉师傅挖了过来，他切的羊肉片薄如纸，整齐均匀，码放在青花瓷碟中，像葵花一样美丽，看起来赏心悦目，吃起来鲜嫩可口，很受客人赞赏，东来顺也因此名声大振。正阳楼来的师傅还为东来顺带出一批刀工精湛的徒弟。从此成就了东来顺，而正阳楼却已时过正午。同仁堂生产的数百种中成药中，安宫牛黄丸、乌鸡白凤丸、安坤赞育丸、参茸卫生丸、苏合香丸、再造丸、局方至宝丹、活络丹、女金丹、紫雪散最负盛名，被称为“十大王牌”，加上牛黄清心丸、十香返还丹、虎骨酒，又有“十三太保”之称。这些名牌产品都原料珍贵，配方科学，制作讲究，疗效神奇，体现同仁堂货真价实的经营宗旨，也是中华医药宝库中的珍品。至今驰名中外的全聚德烤鸭、仿膳的豌豆黄、一得阁的墨汁、全素斋的素食菜肴等，都是用“独门绝技”作为重要的制胜法宝之一。

4. 得天独厚的地理位置。制鞋业名牌内联升，当年在选择鞋店的地点时颇费心思。要想在制鞋领域财源滚滚，日进斗金，就必须把买卖做高、做大、做全，它把主要消费对象瞄准了上层社会的皇亲贵戚，京城内外的文武百官、贵族绅士，各种各样有面子和要面子的人，也兼顾其他消费层。内联升鞋店开业地点，选择在大内皇宫大清门东侧的东江米巷（今东交民巷）西口路南。这里与皇宫大清门近在咫尺，是礼部、户部、吏部、宗仁府等官员进出衙门的必经之地，因此成为北京城距宫禁最近的商号之一。鞋店取名“内联升”，“内”即皇宫，“联升”是“连升”的谐音，取其穿这里制作的鞋入大内，官级连升的吉祥之意，迎合仕途之人平步青云、加官晋爵的意愿，也喻指鞋店与皇宫之间的特殊关系。内联升早期服务对象是豪门贵族，专门制作各种宫靴和朝靴。

当时“脚踩内联升”成为衡量是否是社会名流的一大标志。都一处、南恒顺、月盛斋的扬名很大程度上，也占了地利之光。

5. 正确把握商机，判断形势，顺应市场潮流，适应市场变化。正确判断形势，掌握消费需求的变化，能够及时调整产品结构，在保持传统特色的同时，不断开拓创新，从而使自己立于不败。内联升在百年来的改朝换代，政权交叠中，曾经就是京城商潮中与时俱进的成功典型，产品总是随着社会的变革而不断更新，始终体现时尚的变化，不变的是高品质。内联升在开业之初，主要消费群体定位在上层社会的皇亲贵戚，文武百官，贵族绅士，因此专门制作各种宫靴和朝靴精品，满足贵族官僚的需要。民国元年清帝退位，随着清王朝的结束，宫靴被历史所淘汰，内联升原来的主要客户群也因此而消散。但内联升应时顺便，调整经营方向、产品结构和制作工艺，使用新材料。而料精工细，品质上乘是始终不变的。内联升制作千层底布鞋，仍然成为当权新贵、军阀政要和旧朝遗老、富贾豪商的最爱。“头顶马聚源，脚踩内联升，身穿瑞蚨祥”，依然是上层社会的品牌着装。内联升专门为公务人员等穿长衫的群体设计制作的小圆口千层底布鞋，做工精巧，式样秀气，穿着舒适，坚固耐磨，风靡一时。着青布长衫，配一双小圆口千层底布鞋，或风流倜傥，或潇洒文雅，成为一个时代的标记。李大钊、鲁迅、青年毛泽东，以及影视作品《雷雨》中周朴园、《青春之歌》中卢嘉川等，都是着这种服装。中华人民共和国成立以后，内联升的鞋仍然是各阶层人们的挚爱。面向老百姓的“千层底布鞋”“老头乐”“老棉窝”“纳帮靸鞋”“直圆鞋”

等受到市场的欢迎。保持传统特色，正确把握商机，顺应市场潮流，适应市场变化，才能使老字号常新，始终保持市场活力。

6. 独到灵活的营销策略和宣传策略。有些老字号善于运用一些独到灵活的营销策略。民国六年（1917 年）开业的大有酱园，经营有方，产品细致卫生，深受回民喜爱。在 1937 年卢沟桥事变后的动荡局势下，提出“一涨买，二涨买，三涨不买；一落不买，二落不买，三落必买”交易经验，生意仍旧保持兴旺。

充分利用与皇室宫廷的关系做宣传。六必居将清宫御赐红缨帽和黄马褂视为品质和身份的象征而供奉。天源酱菜把装过“桂花糖熟芥”这种清宫御用产品的坛子，供在红漆大木架上，并且挂以“上用糖熟芥”五个大字作品牌广告招徕顾客，引得众人纷纷购买品尝和送礼。一些豪门官贵也都成了天源酱园的座上宾。

利用名人做宣传。因为皇亲国戚、高官贵族、社会名流的光顾而名声大噪。六必居严嵩书写的没有落款的题字大匾，宝古斋、王致和、月盛斋等老字号悬挂的大学士、大学者、社会名流题写的匾额，都是商家彰显历史、品位、质量、知名度的极佳物品。

利用广告、包装等形式宣传。西来顺以京城名厨褚祥为招牌，在报纸上大做“西来顺饭庄特聘著名庖师褚祥，精做各种菜蔬”的广告，宣传褚祥原在清宫御膳房当差，烹调技艺超群。1935 年 4 月 24 日，北平的《实报》曾刊文介绍西来顺“在教门（伊斯兰教）馆子之中，比较最摩登。那位掌灶褚祥先生，往往运用思想，发明一些新式菜，介于半中半西之间，也介于荤素之间。阔人请客，朋友小吃，都行得”。在他的主理下，西来顺的全羊席、烤牛肉，以及各式清真炒菜等，都吸引了大量食客，生意兴隆，名声大振，一时间，竟与东来顺齐名，旧京竹枝词中就有“东来顺、西来顺，羊肉专家谁与竞”的句子。

鹤年堂的宣传颇为独到，为顾客抓药时，对方子上每一味药都分别包装，在每一味药的包装内，都放置一张“图说内票”，票上印有这种药材的药名、产地、气味、主治、功效，以及药材的图形，以便于患者自己按图查对，并对药的性能有所了解，使患者明明白白用药，增加了对鹤年堂的信赖。

利用先进科技技术宣传。张一元在 20 世纪 30 年代，在京城第一家使用留声机招徕顾客，张一元茶庄在门市用高音喇叭播放歌曲、戏剧等当时的“流行音乐”，进行商业造势，招徕顾客。播放的西河大鼓《三下南唐》,吸引了许多人在茶庄内外围聚听曲，起到极佳的宣传效果。

7. 超凡卓越的领导能力，适合商家发展的劳资关系。瑞蚨祥采用员工录用推荐制、工资递加、高福利待遇、年终分红、比例提成、职位世袭等管理办法处理劳资关系，既体现了管理的制度化，又不失管理人性化；既有激励机制，又有约束力。

东来顺、张一元、稻香春、同仁堂等老字号发展壮大拥有超凡卓越的领导能力，丰富的营销手段也是关键。

京城老字号

古都北京的老字号名目繁多，又独具特色，每个字号不仅有自己的发展史，更有许多鲜为人知的奇闻趣事，为老字号平添了几分神秘的色彩。这些历经数十年甚至数百年经久不衰的老字号，在古都商业文化的宝库中以其独特的魅力，闪烁着耀眼的光芒。

饮　食

张一元

北京人好茶。有名无名的茶楼、茶馆、茶铺遍布京城，经营茶叶的茶庄、商号也不少，如 20 世纪 20 年代初期，老北京方、吴、寇、张、汪、孟“六大茶商”买卖兴隆，人称“六大家”。坐落在前门大栅栏内的张一元文记茶庄，就是当年驰名京城的茶庄老字号，创始人是张文卿。

1884 年是晚清光绪十年，17 岁的张文卿离开老家安徽歙县定潭村来到北京，在崇文门外瓷器口的荣泰行茶叶店当学徒。安徽歙县是我国著名茶乡，安徽的祁门茶、黄山茶、六安茶等都是中国著名茶品。安徽茶商行走全国经营茶叶，北京茶行十之八九皆为安徽人所开，其中又以安徽歙县人为主。张文卿家里也有几亩茶园，从小和茶叶、茶商打交道。

张文卿来到荣泰行先做学徒，前台后柜都干过。这里地处繁华的商业区，在前柜站台销售，学习与各种顾客打交道；在后柜拼配茶叶，学习与茶师和商人打交道。出徒后还帮老板记账、管账，参与茶店经营管理，开始与京城茶号同行交往。他在荣泰行十几

茶摊（清）

年，了解和熟悉了京城茶行商道，这些经历为他日后成功地开创自己的事业积累了经验，打下了基础。

光绪二十二年（1896 年），张文卿离开了荣泰行，开始独自创业，他在花市大街路南开张了自己的第一号买卖——张记茶摊。

张记茶摊一开始并没有自己的店铺，一把遮阳伞下，一张条凳、一把茶壶、几只粗碗，沏上自己配制的花茶售卖。花市一带，从明朝后期开始就繁华起来。这里紧邻崇文门，是前三门外主要商业区之一，是买卖人的黄金之地。花市庙会是明清时期京城最大的庙会之一，逢每月初四、十四、二十四日皆有市。这里以前店后坊制售假花的商户，就有千余家，是全国最大的假花集散地。这里商铺密集，客流量很大。除制售假花的店铺，这里还有许多布铺线店、鞋帽商号，以及出售各种玩具饰物、农具百货、瓦木工具、土产杂什、虫鸟金鱼等的店铺，还间杂着占星问卜、行医售药者。还有各种风味小吃和流动商贩，尤逢集日，更是人头攒动，摩肩接踵，热闹非凡。每年正月元宵赏灯期间，成千上万南城居民经此进城到灯市，顺便也逛花市庙会。客人来到张文卿的茶摊喝茶,可以先歇下脚,免费品茶。张记茶摊很快就以热情待客、质优茶香、价廉物美而远近闻名。一些客人不仅在此喝茶，而且还买走小茶摊配制的茶叶带回自饮，或赠送亲朋好友。张文卿不出摊时，甚至有慕名而来的顾客追到他家里买茶。

随着张文卿买卖的扩大,名声逐渐远播,光绪二十六年（1900年），张文卿寻找机会盘下茶摊南面的三间门面房，开了他的第一个铺面——张玉元茶庄。“张玉元”三字中，“张”代表茶庄主人张文卿;“玉”字取自“玉茗”,寓意茶中之精品;“元”为初始第一。张氏第一家坐地茶庄正式开业。

话剧《茶馆》剧照

张玉元茶庄开业之初就不幸遭遇了庚子之变。1900 年 8 月14 日，八国联军攻陷北京，前三门外惨遭联军挨户搜掳，花市整条街上的铺面皆被抢掠和火烧。张玉元茶庄所幸没有人员伤亡，只损毁了茶叶家具。重新开业之后，张文卿琢磨着发展茶庄买卖，决定在北京最繁华的前门外商区寻找新的立足点。

清朝光绪三十四年（1908 年），张文卿在前门外大栅栏西观音寺街路南的一间店面，挂起“张一元茶庄”的招牌，开张了他的第二个茶庄。“张一元”三字仍取张文卿之姓，“一元”取自“一元复始，万象更新”，象征买卖永远兴旺发达，不会衰落。果然，张一元茶庄的经营很快就有了可喜的发展。一是茶庄迁址到街对面，三间朝阳的宽大门店，营业面积和规模都扩大了；二是茶庄业务有了突破性的发展。以前张文卿的买卖以散客过客为主，经营额有限，迁址之后，茶庄调整了经营策略，看好观音寺附近的王皮胡同、蔡家胡同、大施兴胡同、小施兴胡同、朱茅胡同、石头胡同、王广福斜街、韩家潭等八大胡同中大大小小几百家妓院每天需要大量的中高档花茶的商机。张文卿派人持续不断地上门挨家造访，赠送名色上品茗茶给管事“品尝”，推销了大量自己配制的特色茶叶。在与同行的竞争中，逐渐把八大胡同的茶叶批发买卖揽入自己怀中。

张文卿对张一元茶庄的业绩并不满足，民国元年（1912 年）他在京城最为繁华的大栅栏又乘势开了他的第三个茶庄——“张一元文记茶庄”。“张一元”三字沿用了第二个茶庄的名号，“文”是张文卿名字中间一字。这个字号历经近百年，牌匾至今仍在大栅栏高悬。可民间一直习惯把“张一元文记茶庄”，简称为“张一元”。

张一元文记茶庄的经营理念、营销手段、规模都与他早先开设的两间茶庄不可同日而语。

张一元匾额

张一元不仅自行配制所售茶叶，而且建立了自己的茶叶生产基地。1925 年，他在福建福州郊外亲自开办了自己的茶场，雇用当地工人种茶，以保证茶庄每年按时采摘和收购优质新茶。并雇人买花，自己加工熏制花茶，直接运送到北京销售。这种在当地窨制拼配的小叶花茶，汤清味浓，余香绕口，特别受京城百姓的喜爱。张文卿全程掌握着茶叶生产、加工、销售各个环节，减少中间商的操作，大大降低了成本，使张一元茶叶在北京茶业市场上始终保持相对便宜的价格。

张一元经营的茶品齐全，红茶、绿茶、花茶、紧压茶、乌龙茶，几乎所有种类的茶叶都可以在这里买到。张一元茶庄“不怕没人买，就怕人买缺”的经营理念，货真价实，讲求信誉，服务周到的经营思想，赢来了京城内外各种层次、不同爱好的茶客。

张一元还不断扩大销售渠道和经营地域，不但有门市经营，还大量做批发买卖，开展邮购、函购等新业务。张一元的批发生意这时候也已经不仅仅限于前门外八大胡同，京城大大小小多数茶楼茶馆茶摊、澡堂、旅馆、戏园子都有代销，可谓盛销全城。

除京城之外，还远销天津、河北、东北、内蒙古等地，成为中国北方各省知名的老字号。

张一元的宣传促销手段形式多样。20 世纪 30 年代，张一元茶庄在京城商号中最先尝试在门市用高音喇叭播放歌曲、戏剧等当时的“流行音乐”，进行商业造势，招徕顾客。据说播放彭素海用西河大鼓演唱的《三下南唐》时，吸引了许多人在茶庄内外围聚听曲。以此扩大茶庄影响，树立张一元的形象。

张一元茶庄

1931 年张文卿逝世，“张玉元茶庄”“张一元茶庄”“张一元文记茶庄”，这三个“张一元”茶庄开始由外姓人经营。中华人民共和国成立后，张一元茶庄经历了合并、公私合营，如今仍以“张一元”立足大栅栏。

1992 年成立了北京市张一元茶叶公司。公司成立后，在京城老字号中第一个制定了张一元茶叶公司质量标准。张一元发扬老字号的经营传统，恢复了一些断档多年的传统产品，不断更新、改造、调整、增加茶叶品种，受到消费者的欢迎。现在张一元经营着龙井、碧螺春、君山银针等名茶；又有深受京城及北方人喜欢的各种档次的花茶、紧压茶、红茶、保健茶；还适应市场发展，相继推出了张一元包装系列礼品茶。其茶叶品种多达 200 余种，年销售额超亿元。现在张一元在京城内外，河北、山西等省开设了多家分号，使老字号的传统得到发扬，规模和影响也得到新的发展。老字号谱写着新传奇，焕发着新活力。

信远斋

信远斋是以经营北京传统饮料、蜜饯著称的蜜果店，原址位于东琉璃厂西口路南，也是京城著名的老字号。信远斋门楣上方悬挂有两块大字匾额，分别书写“信远斋”“蜜果店”，是清朝末代皇帝溥仪的老师朱益藩为信远斋亲笔所书。他还特意为信远斋写了以“信远”为藏头的对联：“信风开到途靡经，远浦芬来兰慧香。”

这家蜜果店据传是从摆摊开始起家的。清朝乾隆初年（约1740年）一位姓刘的小贩在前门外大栅栏摆摊售糖果，他有个亲友是皇宫里的太监，把宫里御制饮料的配方传了出来，他按照清宫配方，仿制桂花酸梅汤出售，非常受欢迎，因此很快就小有

信远斋牌匾

名气。清朝咸丰年间（1851—1861 年），他有了些积蓄之后，在东琉璃厂开了个店铺，取名“信远斋”。信远斋最初只有两间门面，在店门旁的橱窗里，还摆放着一对蓝釉“狗头罐”，内存果脯，以此招揽顾客。门面后设有一个小作坊，前店后厂，自产自销。

信远斋蜜果店主要经营的产品有桃脯、杏脯、梨脯、苹果脯、金丝蜜枣等果脯、蜜饯、糖粘，以及酸梅汤、酸梅糕、酸梅卤、止咳秋梨膏等六七十种。此外，信远斋特制的许多应季蜜果食品，也很有特色：每年从霜降开始，主要出售带汁的蜜饯，如蜜饯红果、蜜饯榅桲（用北京野生小山楂特制而成）、蜜饯海棠、蜜饯杏干等；自冬至以后，主要出售冰糖葫芦、冰糖梨糕、冰糖核桃等；整个冬季，信远斋还制售各种糖粘，如杏仁粘、松仁粘等；而到夏季，桂花酸梅汤和桂花酸梅卤更是信远斋最具特色的名牌产品。

夏季冷饮酸梅汤

酸梅汤是我国传统的消暑解渴饮料。作为宫廷饮料，清朝时，御膳房在沿袭传统的用乌梅调制的基础上，又对配方进行了改进。信远斋的桂花酸梅汤就是仿照这个改进了的配方和加工方法制作的。

信远斋为了保证产品的质量最优和特色鲜明，特别重视选择使用上等原料。桂花酸梅汤的主要原料是乌梅、桂花和冰糖。乌梅，均选自浙江长兴、安吉一带出产的，因这里所产乌梅个大、核小、肉厚，酸涩、性温，能生津止渴；桂花专用杭州张长丰、张丰裕两家种植的，而且是还未落地的桂树花。其香味浓郁、纯正；冰糖则选用专供清宫御膳房的精制品，呈金黄色、透明状。在配制原料时，还要根据气候稍加调整。天热时，要略酸一些；天凉时，又偏甜一点。信远斋制作出来的桂花酸梅汤呈金黄色，有一股淡淡的桂花香味。喝在嘴里，酸甜可口，沁人心脾，回味无穷。被冠以“宫廷异宝”“御制乌梅汤”之名，在顾客中享有很高的声誉。

信远斋的夏季产品以桂花酸梅汤最为著名，其制作出售酸梅汤是从每年的端午节开始，到七月十五中元节为止，大约70天左右。从端午节起，天气逐渐进入暑季。为了适应天气的变化，信远斋对桂花酸梅汤还有一些独到的后期加工和保存方法。如每逢盛夏时，根据人们喜凉的习惯，信远斋对制成的桂花酸梅汤还要进行冰镇。其方法是先将制作好的桂花酸梅汤盛入大肚青花古瓷坛中，再将瓷坛放入一只大木箱内。沿大木箱内侧钉着一层铁皮。待瓷坛放入后，再将砸碎的天然冰摆放在其周围，起到降温、冰镇的作用。酷暑之日，信远斋每天可售出20坛左右的桂花酸梅汤，每坛大约可盛 80 小碗。经过冰镇后的桂花酸梅汤酸、甜、香、凉，给人以清凉爽口之感。是京城夏季最佳清凉饮料。

信远斋在制作桂花酸梅汤的同时，还制作了方便顾客携带的酸梅卤，以便让更多的顾客能够品尝到这种美味可口的饮料。

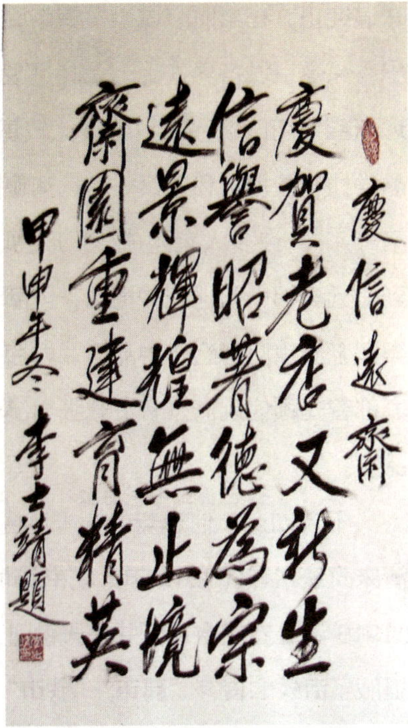

庆信远斋诗

信远斋的蜜饯、果脯和糖粘制作也颇具特色。首先，用料同样考究。如海棠选用“八楼”白海棠，白糖要用“头层”绵白糖。其次，同一种原料，分别用几种不同方法精制，满足不同顾客的需求。如出售的糖葫芦有几种制作方法，其中之一是先将红果剖开或轻轻按扁，再将几个红果穿成串，在红果外面薄薄地敷上一层黑豆沙，然后在豆沙上嵌入瓜子仁，并且组成图案，最后再裹糖，做成的糖葫芦，红、白、黑三色相间，色彩十分诱人。还有一种“糖墩”，是将一个红果剖开，去除籽核后，于中间夹进一块核桃仁，然后裹糖。使人们在食用时，不会感到酸牙。

正是因为信远斋制作的蜜饯、果脯和桂花酸梅汤原料考究，味道纯正，在当时京城诸多销售同类商品的商号中，得以脱颖而出，深受京城各界人士，尤其是京城文人墨客们的喜爱。尽管信远斋蜜果店的食品饮料价钱比较贵，但他们仍然经常来此消费，品尝桂花酸梅汤和蜜饯。信远斋也因此名扬京城，被誉为“京城第一家”。许多人来到琉璃厂欣赏、选购古玩书画之余，总喜欢到信远斋喝一碗桂花酸梅汤，或品尝蜜饯、果脯以为乐事。一些梨园名流也愿意到店中品尝。如梅兰芳、马连良、尚小云等艺术家都曾光顾信远斋。有记载张学良先生也曾慕名前来信远斋光顾品尝。

不仅如此，信远斋的声誉还远播海外，并多次在国外获奖。清末宣统二年（1910 年）在南洋博览会上获得银奖，民国八年（1919 年），在巴拿马国际博览会上，信远斋以其独特的产品魅力，征服了海外的食客，而荣获金质奖章。

其后，信远斋仍延续传统的制作和经营方式、方法，在京城继续保持“第一家”的美誉。但在抗日战争爆发后，受时局的影响，加之原材料供应紧张，信远斋陷入极度困境，直至停业。新中国成立后，在人民政府的大力扶植下，信远斋又起死回生。1956 年，在周恩来总理直接关怀下，在琉璃厂恢复了“信远斋”的字号，并建立了产品生产加工车间。一些曾在信远斋工作过的老师傅被请回这家老字号，调制“宫廷异宝”“御制乌梅汤”的技术得以流传下来，消失多年的产品又恢复生产。1955 年，周恩来总理在北京饭店招待缅甸总理吴努，喝的饮料就是信远斋的桂花乌梅汤。

北京信远斋饮料公司

20 世纪 80 年代以后，在原信远斋的基础上，相继在朝外大街等处，恢复了“信远斋”字号的食品店、食品厂、蜜果店、饮料厂，还恢复了桂花酸梅汤、桂花乌梅汁、秋梨膏及各种果汁饮料、固体饮料桂花酸梅晶、果酱、果脯、蜜饯食品等几十种传统产品。2004 年，北京信远斋饮料公司为奥运会占地迁移，在昌平沙河镇白各庄工业园区兴建了占地 20000 多平方米的现代化园林式新厂区。现在，信远斋又成为京城最具特色的饮料品牌，年产量达到 1300 吨，销往全国十几个大中城市。

仿　膳

当你参观了北京的皇宫紫禁城，又游览了皇家园林景山、北海之后想尝尝皇帝御膳的滋味吗？北海公园内的仿膳饭庄，就是以仿制清朝皇宫御膳食品为特色而驰名中外的北京老字号饭庄。至今已有 80 年历史。

北京是金、元、明、清四朝首都，800 年来，每朝皇帝享用的宫廷御膳都秘不外传，民间难得一见其庐山真面目。民国十三

仿膳正门

年（1924 年），清朝末代皇帝溥仪被驱逐出紫禁城后，原来宫中每日为皇帝烹制山珍海味的御厨也随即出宫，流落到了民间自谋生路。第二年，原来在御膳房菜库当差的赵润斋，带着儿子赵炳南，邀了孙绍然、赵承寿、王玉山等五六个原来御膳房的厨师，在北海公园北岸五龙亭以东，租了五间平房，开了一个茶庄，取名“仿膳”。他们就以自己原来是清宫御厨的特殊身份，专事仿照清宫御膳房的菜品，制作和经营各种清宫内的传统糕点、小吃及风味菜肴。仿膳虽然规模不大，

仿膳大厅

但它的开张，第一次把讳莫如深的清朝宫廷风味食品展现于紫禁城之外，并传入民间。

仿膳坐落在北海，这里地处皇城中心，是紫禁城的西苑。会同元年（938 年），辽代在北京建陪都的时候，就开始把这里圈做皇家离宫，称为“瑶屿”。从那时候开始，1000 年以来，北海一直作为辽、金、元、明、清五朝帝王的皇家宫苑禁地。金代先后称“大宁宫”“宁寿宫”“寿安宫”“万宁宫”，元代开始，北海从原来的皇家郊外离宫，成为皇城大内苑囿，叫“万岁山”和“太液池”，明、清两代又称其为皇城“西苑”。直到清帝退位之后 10 年，民国十一年（1922 年）才首次作为公园对公众开放。仿膳茶庄的开张，为人们提供了游赏皇家园林，品尝帝王美食的双重感受。每逢夏季，来北海公园纳凉游览的人比较多，仿膳就在茶庄外搭建临时凉棚，摆上桌凳，游人在此沏上一壶花茶，品着宫廷小点心，闲聊一段宫廷逸闻趣事、典故传说，惬意无限。

仿膳制作的膳食，从风味小吃到后来推出的“满汉全席”，

无论色、香、味、形、器、意，都尽显昔日皇家精致细腻的品质和富丽豪华的高贵气派。而且每道菜品的背后，几乎都有一段传说的宫廷故事。如经典的传统小吃肉末烧饼、小窝头、豌豆黄、芸豆卷等，都用料考究、做工精细、小巧玲珑、酥软鲜香，而且故事有趣。

黄灿灿的小窝窝头后面有一段慈禧太后的小故事。传说光绪二十六年（1900 年），八国联军入侵北京，形势危急，慈禧太后带着光绪皇帝仓皇西逃。一路日夜兼程，御膳当然得不到保证。在慈禧太后又饿又累的时候，遇到一个姓李的老百姓给了她一个窝头，慈禧从未吃过这种食品，觉得十分香甜好吃。回到北京后，便命御膳房为她制作。这可给御厨们出了道难题，老百姓吃的粗粮，太后怎么下咽？厨师们只得精工细做，把玉米面磨得很细，再加上黄豆粉、白糖，蘸上桂花水，制成高不足寸的小窝头。吃起来细腻、酥软、香甜，果然受到慈禧太后的喜爱，并成为宫廷御用的上品，还成为“斋戒”时吃的一种甜食。1956 年，在中国政府举行的庆祝建国七周年国庆招待会上，仿膳饭庄制作的 4000 个小窝头端上国宴，受到中外宾朋们的交口称赞。

仿膳小窝头

仿膳制作的肉末烧饼也有一段与慈禧太后有关的传说故事。说是慈禧太后有一天晚上临睡时可能有点饿了，结果就做了个吃烧饼的梦。没想到，早晨醒来果然见到膳桌上摆着酥软香嫩的肉末烧饼，慈禧很高兴，这可是圆了她的梦。待问明了这烧饼是由御膳房赵永寿做的之后，传下懿旨赏尾翎一支、白银二十两。

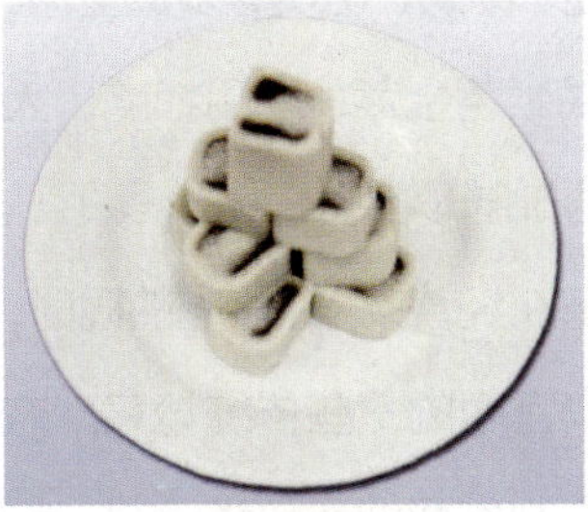

仿膳豌豆黄、芸豆卷

慈禧太后

小吃豌豆黄、芸豆卷“进宫”，也与慈禧太后有关。传说慈禧太后喜欢在北海北岸的静心斋乘凉休息，静心斋与皇城北墙只有一墙之隔，皇城外是当时北京热闹的什刹海荷花市场。每年从端午节至中秋节是这里的荷花盛开之际，前海大堤和岸上的席棚布帐鳞次栉比，夏令食品、风味小吃、曲艺、杂技、小商小贩应有尽有，是北京市民最喜爱的消夏场所，游人很多。一天，慈禧太后听到皇城外传来敲锣声，就问太监是什么缘由，得知是皇城外吆喝着卖豌豆黄、芸豆卷的。慈禧太后心血来潮，让人把敲锣叫卖的人叫进来，并且尝了他的豌豆黄和芸豆卷，甚是喜欢，就此把他留在宫中御膳房，专门为她做小点心。这些小吃一旦进了宫就身价倍增，用料、制法都讲究起来：豌豆黄一

仿膳佛手鱼翅

仿膳二龙戏珠

定要选用京东“四眼井”产的白豌豆。制作时需先将豌豆煮烂、晒干、磨成粉后，用马尾箩细筛。还要再经过炒泥、冷却、切块等多道工序，才能制成颜色金黄、香甜细腻、入口即化的御膳珍品。

仿膳在经营茶点、小吃的同时，还经营清宫中的一些传统炒菜。这些菜肴都制作精细，色泽美观，味道醇鲜清淡。如“荷花莲蓬鸡”须要39道工序，以鸡肉制成的小莲蓬，环绕盘壁，盘中饰以湖中采摘的鲜艳荷花，制成后众莲拥荷，美艳欲滴；“溜鸡脯”据传是慈禧太后晚年最爱吃的菜。此菜做成后，主料鸡脯色泽洁白，缀少许绿色豌豆，清香素雅，口感柔软而不腻；“乌龙吐珠”用乌黑海参制成游龙状，鹌鹑蛋圆润如珠，造型生动华美。海红鱼翅、扒鹿肉、怀胎鳜鱼、蛤蟆鲍鱼、金蟾望月、金鱼鸭掌、抓炒鱼片、琵琶大虾、海参蹄筋等也都各有特色。

仿膳菜肴中，冠以“龙”“凤”之名，也是体现宫廷御膳的一大特色。“龙凤呈祥”“龙凤赏月”“乌龙吐珠”“二龙戏珠”“扒龙须香菇”“凤凰卧雪”“凤凰趴窝”“凤凰鱼肚”“凤凰大虾”等名菜，无一不透出昔日帝王膳品富丽典雅、华贵尊重、含蓄凝重，而又精细真实的风格。仿膳菜肴中，多用吉祥、如意、福、禄、寿、喜等喜庆菜名，也是体现宫廷御膳的又一大特色，如“江山万代”“洪福万年”“如意冬笋”等。

清宫御膳，是中国饮食历史上最高层次的餐饮活动。皇帝的餐饮是以国家名义进行的，皇宫中聚集天下名厨，选用全国各地进贡的最精美珍奇的上乘原料，使用当时最高级别的炊具，和最精美华丽的餐具，集中了各地名菜的精华，汇聚八方美味，历练出精美肴馔。浓重的宫廷饮食文化色彩，代表了当时中国饮食文化的最高水平。仿膳的菜品，虽然不能再使用全国各地的贡品做原料，可是也不再受到皇宫礼制的严格限制，不再受到宫廷御膳程序、规格、数量、质量的限制，既保持了原来宫廷烹制传统和风格，在菜品的出新和完善、改造上，又有了很大的自由发挥的空间。

仿膳的满汉全席

民国时期，社会上盛极一时的“满汉全席”，在京城也是首推仿膳。满汉全席清朝末年就在社会上出现，其实满汉全席并非清朝宫廷御膳。当时上层或中上层社会阶层，在生活上追求奢华，沉醉食色，以满汉全席为享受最高级宴饷的象征。满汉全席并不受清朝皇室的宫禁之约，在膳品、膳名、膳具、礼仪上，都仿效大清御膳。满汉全席没有严格划一的宴席格式，不同地区、不同饭庄推出的膳品名目、数量、规格、礼仪都不尽相同。菜品大多是山珍海味齐备，多至百余种，或数十种，或十数种不等。也可以随心所欲地创出新品加入其中。尤其清帝退位以后，宫廷御膳的“庐山真面目”，随着御厨的出宫，也不再神秘。

仿膳的满汉全席有菜点 108 道，也是京城最著名的。席面以“三十二珍”为原材料，包括“山八珍”（如驼峰、熊掌、猴头、猩唇、豹胎、犀尾、鹿筋等）、“海八珍”（如燕窝、鱼翅、大乌参、鱼肚、鱼骨、鲍鱼等）、“禽八珍”（如红燕、飞龙、鹌鹑、天鹅等）、“草八珍”（如猴头蘑、银耳、竹笋、驴窝菌、羊肚菌、花菇等）。烹饪技法上汇聚了满族传统的烧烤，和汉族的炖、焖、炒、煮、炸等烹饪技艺。汇满汉，融南北，集中华宫廷御膳、官府菜肴、民间烹饪之大成。仿膳的满汉全席包括热菜、冷荤及各种点心、果品，分三天六餐才能上齐。

随着仿膳创业时的御厨相继去世或离开，它的宫廷风味特色也日趋渐淡。

北平解放以后，仿膳的经营和发展受到政府的重视。1956 年更名为“仿膳饭庄”，并由私营改制为国营。

为了能够保持和发扬宫廷风味传统特色，仿膳又特意寻找并请回了曾在清宫御膳房掌厨的王玉山、牛文智、温宝山、杨青山、潘文赏五位老师傅，恢复了一个个中断多年的宫廷风味菜品。还请他们带徒弟，传授烹调技术，使面临失传的中华民族饮食文化精品遗产，得到了抢救性的保护和延续，也使仿膳恢复了生机。

1959 年仿膳从北海北岸迁到琼华岛北面正中的漪澜堂古建筑群。新开辟了仿清装修的大、小宴会厅11个，扩大了饭庄的规模。

漪澜堂古建筑群始建于清朝乾隆时期，它们靠山临水，风景秀丽。以漪澜堂为中心的一排双层 60 间临水游廊，长达 300 米，像一条七色彩带，将整个琼华岛簇拥起来。仿膳所在的漪澜堂、道宁斋、漪晴楼、分凉阁、碧照楼、远帆阁等三个院落的六处精美的古建筑，檐牙交错，雕梁画栋，古色古香。乾隆皇帝经常来此赏景宴饮，并在漪澜堂内设宴招待一些文员和画家。道宁斋还是皇帝和御用文人吟诵诗文之处。仿膳饭庄，外拥山光水色的自然风景之胜，坐享亭台楼阁的古典园林之美，品宫廷风味美味佳肴，成为京城一处脱俗雅致的高级饭庄。

仿膳内独具特色的餐厅

1959 年，清朝末代皇帝溥仪被特赦后，曾经几度来到昔日的皇家园林北海游览，并到仿膳用餐。没有了昔日享用“御膳”时候刻板的礼制束缚，已经被“改造”成了公民的昔日皇帝，吃着仿膳，却说味道比御膳还好。皇弟溥杰先生还亲自为仿膳道宁斋的五个宴会厅题写了匾额。“飞觞”“清漪”“醉月”“烟岚”“芙蓉”字字苍劲潇洒，分别悬于宴会厅的门楣上，为仿膳增色。溥杰先生还为仿膳填词一首：“十里菱荷香，翠柳朱墙，漪漾荡漾水云光。琼岛春阴巍玉塔，妙在长廊。朋友遍遐方，济济跻跻，四筵舞箸更飞觞。尝品故宫前代味，忘是他乡。”（《浪淘沙》）

“文化大革命”期间，北海公园一度关闭，仿膳也因此而停止对外营业。1978 年，仿膳重新开张，恢复了宫廷风味菜点、小吃 130 余种。如今仿膳饭庄经营的宫廷菜肴约 800 余种，其中海红鱼翅、凤尾鱼翅、金蟾望月、抓炒鱼片、海参蹄筋、一品官燕、燕尾桃花虾、琵琶大虾、宫门献鱼、溜鸡脯、金鱼鸭掌等最有特色；名点有豌豆黄、芸豆卷、小窝头、肉末烧饼等。仿膳的特色名牌“满汉全席”也重登席面。仿膳为了推出海内外最地道的满汉全席，特意派人到故宫博物院，查阅乾隆、光绪年间清宫御膳的陈年旧档，整理出数百种菜肴，研究各种菜名的含义、菜品的原料、口味、烹制的方法，请皇弟溥杰先生品评。溥杰先生对仿膳新研制出来的满汉全席热情赞赏，并亲自题写了“满汉全席”的匾额。如今仿膳在恢复“满汉全席”大宴同时，又推出了“满汉全席精选”餐，使客人食一餐而领全席之貌。

仿膳还曾推出过“舫膳”。在北海水面漫游的画舫中设宴，一边品美食，一边赏美景，“海面倒映着美丽的白塔，四周环绕着绿树红墙”。仿膳曾先后接待过周恩来、邓小平、叶剑英、彭真、万里、王震、罗瑞卿、聂荣臻、徐向前、乌兰夫、康克清等党和国家领导人，以及美国总统尼克松和国务卿基辛格、舒乐茨，英国首相希思，日本首相田中角荣、大平正方，柬埔寨国王西哈努克，意大利总理克拉克西，马耳他总统巴巴拉，联合国秘书长瓦尔德海姆等外国政要、国家领导人、驻华使节等国宾，受到中外宾客的好评。1989 年 3 月，仿膳饭庄还在日本东京开设了分店。

仿膳由三个庭园组成，共有大小餐厅 15 间，可供 500 人同时就餐。餐厅内全部以龙凤呈祥图案、大型彩绘宫灯等宫廷装饰，陈设古朴典雅庄重。使用标有“万寿无疆”字样的仿清宫餐具，宫廷特色突出。是人们品尝昔日宫廷御膳，感受中国美食精华，坐拥湖光山色与亭台楼阁，感受古典皇家园林文化，寓物质享受与精神享受于一体的绝妙去处。

2016 年，为了保护漪澜堂古建筑，仿膳饭庄迁至北海北岸。

砂锅居

“名振京都三百载，味压华北白肉香”，说的是有近 300 年历史的北京老字号风味饭庄，以砂锅煮白肉为招牌菜的砂锅居。

位于西四南大街路东缸瓦市的砂锅居，开业于清乾隆六年（1741 年）。其字号为“和顺居”，取其“和气生财，顺利致富”的吉祥之意。开业之初，店家从定亲王府内找来一口深约三尺、直径约四尺的硕大砂锅煮肉，据说这是皇室供奉神灵时煮食祭品

砂锅居匾额

的神锅。京城市民都觉得新奇，没钱的路过看看，有钱的进来尝尝，这里的大砂锅煮肉味道鲜美独特。日久天长，市民们就把“和顺居”俗称为“砂锅居”，而且叫响京城。店主人也索性又挑起了一块“砂锅居”大匾，与“和顺居”同悬一处。时间一长，砂锅居的名字越叫越响，和顺居反而不大有人知道了。

砂锅居当时在缸瓦市路东开业、立足，是有缘由的。砂锅居原来是由清朝定亲王府的更房发展演变而来的。清高宗皇帝第一子永璜死后，被追封为定亲王。定亲王府位于西城区缸瓦市，规模很大，占地 40 余亩，房屋 400 余间。府内仅守卫队、各类仆役就有 130 多人。王府最西侧为更房，为王府守夜打更的役夫住在这里。当时，清廷上下恪守清朝祖制祭天祭祖，行朝祭、夕祭、日祭、月祭等。祭祀时，按照满人习俗，选用一岁以内的上等活

砂锅居盛况

猪为“牺牲”，选中的猪须是膘肥肉满，毛色黑亮。洗净去皮后用大锅白煮，不加盐、酱等调料。故宫内的坤宁宫就举行过这种祭祀活动，至今仍保存着当年煮祭肉用的大锅。待皇帝、皇后在祭祀行礼叩头之后，撤下祭肉盛于盘内，供皇帝皇后受胙，或率王公大臣分食祭肉。王府内则祭祖不祭天，祭祀后分享祭肉，又叫“神余”。撤祭之后的煮肉、菜肴、饽饽等大量供品也分给府内仆役分享。定王府内的更夫们把得到的王府祭煮白肉带出府去换了钱，后来又在更房内的王府西墙上挖了个洞，逢王府有祭祀活动时，就在此做几笔小买卖。王府西墙外，是北京城的一处已有几百年历史的热闹市场。元代时候，这里已经是元大都两个最主要的商业市场之一，即西四羊角市。到明清时候，逐渐形成西城区的繁华商区。这里商号多、人流大，买卖也好做。更夫们与王府厨师们共同谋划，在王府更房墙外盖了三间房，正式开了一

紫禁城内坤宁宫煮祭肉锅灶

家专门仿照王府膳食制作菜肴的“和顺居”。从此定亲王府的菜和王府“祭品”流传到民间。

砂锅居的菜品以白煮、烧、燎最为著名。白煮就是白煮肉，这与当年王府无盐无酱的“白煮祭肉”已完全不同。它是选当年的猪，洗净切块后，用大砂锅清水炖煮，旺火烧开后，文火再煮两个小时，途中不加水。这样煮出的白肉保持着原味，肥而不腻，瘦而不柴，汤浓味厚。晾凉后，切成宽不足两寸，长不过四寸的薄片。凉吃时可以根据食者喜好，蘸酱油、腐乳汁、蒜泥、韭菜花、辣椒油、香油等作料调制的味汁。白煮肉也可以吃热砂锅，配以香菇、海米、鸡胸、粉丝、豆腐等。水煮白肉、白肠、白肚搭配的“砂锅三白”，更是集白、嫩、鲜、香、热的特点，而成为京城一道冬令美食。据传，砂锅居白肉为乾隆皇帝和慈禧太后所爱，成为皇家席间珍品，乾隆皇帝还曾经为砂锅居留有“此乃珍馐，味之一绝”的御笔。

砂锅居的烧菜也称炸菜，如“炸鹿尾”，用猪肠、猪肝、猪肉仿制成鹿尾，炸后再烹，色泽金黄油亮，肠衣酥脆，肉质松嫩，风味独特。

还有燎菜。将带皮猪肉、猪肘、猪头等直接在炉火中燎，这类菜对火候的掌握要求很严格。如“糊肘”，是将猪后肘叉在铁叉上，用炭火燎，要求火旺而不热，肉皮与火保持一定距离。待燎得肉皮上焦起一层小泡时，用温水刷去黑糊皮，再放在砂锅中清水煮。这道菜外皮色泽金黄，口感细腻，散发着特有的糊香味，令人过口难忘。

砂锅居还用猪脑、猪耳、猪蹄、猪尾，以及猪肠、肚、肝、肺等原料，制成精致美味的小烧碟，一套24件，或36件，或48件，或64件等，名目繁多，如蜜煎海棠、蜜煎枣、大红杏干等都是“以荤托素”的肉菜甜肴。

砂锅居外景

砂锅居的美味特色王府菜，既有宫廷菜的细腻，又兼有民间菜的质朴，引来京城众多食客。日烹一猪，不到中午就告售罄，他们便撂幌子闭门不再待客。“缸瓦市中吃白肉，日头才出已云迟”，要品上砂锅居这一口，须得早去。这种独特的“限量供应”在京城也难觅其二。因此老北京民间流传着“砂锅居的幌子——过午不候”的歇后语。一直到民国二十六年（1937年）以后，砂锅居才“打破旧规添晚卖”，全天营业。

北平解放以后，砂锅居公私合营，店址南迁几十米，扩大了营业规模。在恢复和保持传统风味的同时，增添了其他炒菜几十种。20世纪50年代，周恩来总理、陈毅市长等曾慕名来此用餐。

1998年仿制的大砂锅

如今砂锅居在缸瓦市的三层楼，店面端庄气派，高悬门楣的“砂锅居”三字金匾古朴厚重，门厅内陈列的仿古大砂锅，直径120 厘米、高 76 厘米、重 218 公斤，成为砂锅居向各界食客展示的文化大餐。

链接一：八大居

八大居是北京历史上八家著名的老字号风味餐馆，包括和顺居（即砂锅居）、天兴居、天然居、鼎和居、广和居、同和居、义盛居、会仙居。清末民初很受一般官员和进京赶考秀才的青睐。

和顺居（砂锅居）于乾隆六年（1741 年）开业，位于西四南大街路东的缸瓦市。因用一口深约三尺、直径约四尺的大砂锅煮肉，而又得名叫砂锅居。以北方风味的煮、烧、燎猪肉为特色。

同和居于道光三年（1823 年）开业，位于西四南大街 3 号。以烹制宫廷菜、鲁菜、河鲜海味为特色。如享誉中外的“三不沾”，以鸡蛋黄、绿豆粉、白糖为主料和调料，按一定比例炒制而成，色泽金黄，鲜美

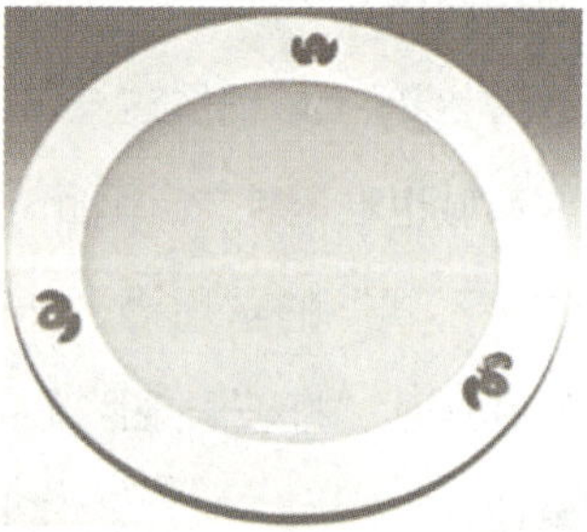
同和居“三不沾”

中华人民共和国成立初期的同和居

爽口，香甜不腻。因不沾盘、不沾筷、不沾口而得名。

广和居的前身是隆盛轩，道光十年（1830 年）始改为广和居，位于菜市口北半截胡同南口路东的一套大四合院内，是一家山东风味饭馆，开业以来，一直为宣南士大夫们所青睐。清政府的大臣们经常在广和居宴会请客，文人墨客也常在此聚会。这里曾经留有不少名人墨迹，如清朝军机大臣张之洞、光绪皇帝的老师翁同龢书写的楹联等，晚清时洋务派和顽固派大臣也来此议政。鲁迅寓居绍兴会馆时，也时常来此小酌。广和居的菜肴以鲁菜为主，又吸取南方菜的烹调技术，创出独特风味，其中以鱼菜最有特色。如“潘氏（潘炳年）清蒸鱼”“吴（吴闺生）鱼片”“曾（曾国藩）鱼”等。民国十八年（1929 年），广和居迁至西长安街路南经营，1931 年歇业。

会仙居于同治元年（1862 年）开业，位于前门外鲜鱼口内路南。以北京风味炒肝最为著名，当时有诗描绘说“稠浓汁里煮肥肠，交易公平论块尝。谚语流传‘猪八戒’，一声过市炒肝香”。“猪八戒”是说京谚有“猪八戒吃炒肝，自残骨肉”之说。会仙居附近广和、华乐两个戏班子的梨园界人士和票友都是这里的常客。1956 年实行公私合营时，与天兴居合并。

天兴居开业于 20 世纪 30 年代初期。当时远香饭店的厨师洪瑞和在天桥卖大饼的沙玉福，非常羡慕会仙居经营炒肝生意火爆，就合伙在前门外鲜鱼口内租房，悉心经营北京风味小吃炒肝，并逐渐形成了自己的风格和特色。几年时间后来居上，销售量甚至超过了会仙居。1956 年实行公私合营时，终于与会仙居合两居为一居，成为会仙居的一部分。

鼎和居于清朝嘉庆初年在前门外观音寺街路北开业，是北京一家著名的京菜馆。炮羊肉、炒肝、炒面片、炸丸子等吸引了众多琉璃厂一带的文人食客。

天然居于清朝道光年间开业，位于前门外观音寺街，是北京著名的南味餐馆。当时前门外戏园子很多，许多京剧演员喜欢到这里聚会吃饭，真是应了天然居的楹联，“客上天然居，居然天上客。”

义盛居于清朝同治末年开业，位于宣武门外达智桥胡同口内，是北京著名的南味餐馆。以四喜丸子和鱼菜最为著名。

“八大居”只是表明老北京一些带“居”字的著名风味餐馆，至于谁在“八大居”之列，也有不同的说法。如另有一说为和顺居（即砂锅居）、广和居、泰丰居、东兴居、会仙居、福兴居、阳春居、万福居。如今八大居仅存砂锅居、同和居、会仙居三家老字号。

北京著名老字号风味餐馆远不止此八大居，还另有“四大居”之说。

链接二：四大居

“四大居”又称“四大兴”，是老北京前门外四家带有“居”字和“兴”字的著名餐饮老字号：福兴居、万兴居、同兴居、东兴居。

福兴居位于前门外观音寺街路北，清朝道光初年由桓裕金店的冯氏创办，是一家淮阳风味餐馆。福兴居以扬州籍名师李师傅为主厨，制作出黄焖鳝段、清烩鳝丝、烹爆鱼、翡翠羹等名菜。尤其这里的鸡丝面最是脍炙人口，“面白如银细若丝，煮来鸡汁味偏滋。酒家惟趁清晨卖，枵腹人应快朵颐。”据传光绪皇帝每次出宫去前门外娱乐，必去福兴居吃鸡丝面。福兴居院内悬匾“醉乡深处”，又有一匾是“太白酒楼”，“醉乡深处”后改为“寻常行处”，取杜甫“酒债寻常行处有”诗意。福兴居开业 100 年后，于 20 世纪 30 年代末歇业。

万兴居是清朝同治初年由山东福山县人吴义廷创办的，位于前门外煤市街路西。万兴居的“海参宴”最为著名，大碗海参、全鸡、全鸭、大扒肘子等都透着该宴席的大气和豪爽。万兴居的风味面点也很有特色，如“鹅油方圃”用鹅油发面蒸食，色泽雪白，方正小巧，内渗鹅油香味。万兴居门前的幌子上，就书写着“鹅油方圃”四个大字，以此作为该店的特色招牌。

东兴居开业于清嘉庆年间，位于前门外打磨厂正南。特色名菜为一甜一咸，“罐儿莲子”为甜，“黄焖肉”为咸。

清末民初鼎盛一时的四大居，如今风流散去，已难寻觅。

烤肉季

在北京北城风光旖旎的什刹海后海和前海之间，有一座单孔小石桥，它原来的形状像倒置的银圆宝而得名“银锭桥”。这里是几百年来北京城内老百姓能隔水望西山的最佳之处，“银锭观山”也因此成为“燕京小八景”之一。银锭桥有三绝：观西山、赏荷花、吃烤肉。银锭桥北临水的老字号烤肉季，驰名京城百余年，与北京城南宣内大街的烤肉宛共享“南宛北季”之誉。

烤肉季最早是在什刹海荷花市场摆摊起步的。

荷花市场是北京著名的季节性市场。清朝同治时期以后，每年夏季从端午节到中元节，即农历五月初五到七月十五期间，什刹海荷花盛开，杨柳成行，市民纷纷前往什刹海消夏、休闲、喝茶、会友、听戏、饮酒、看曲艺杂耍马戏、品各种风味小吃，还有什刹海水中现采获的鲜莲藕、鲜菱角、鲜鱼虾、鲜螺蛳等等。什刹海畔凉棚遍布，有的还搭建在水中，形成水中榭。什刹海畔游人如织、商贩云集，热闹非凡，形成了京城闻名的荷花市场。它与东边咫尺之距的地安门、鼓楼商业区遥相呼应。许多商家小贩一年也只做荷花市场这一季买卖。

清朝道光二十八年（1848 年），烤肉季的创始人，通州牛堡屯人季德彩开始来到荷花市场，在银锭桥北设摊经营烤羊肉，兼营粉皮、凉粉、卤面等小吃。清朝的北京城有“南汉北旗”之说，北城居住的旗人比较多，爱吃而且会吃烤肉。在荷花市场售卖烤肉的，除了季德彩之外还有几家。时间一长，季德彩独特风格的烤肉吸引了许多回头客，喜欢吃季德彩烤羊肉的人越来越多，季家烤肉摊在荷花市场的名气也越来越大。季德彩每年在荷花市场经营的时间，也延长到农历八月十五中秋节以后。

什刹海周围有许多清朝权贵的豪门深宅、王府大院，如后海北岸的醇王府、后海南岸的恭王府、定阜大街的庆王府、毡子胡同的罗王府、银锭桥附近的允禵府和允禑府、积水潭南的弘曝府和弘曕府，以及张之洞的可园、宋小濂的止园、麟文瑞的花园、涛贝勒府花园、金氏园、水东草堂等。王公贵族、文武官员、太监衙役往来不断，他们也常常到这里来吃喝玩乐。季德彩去世后，儿子季宗斌，人称“季傻子”接手经营，就开始给预订的大户人家提供送货上门的服务。季宗斌经常推着小车带上羊肉片、调料、木柴和烤肉用的炙子，带着一两个伙计，到附近的大宅府邸应差。据传说摄政王载沣很爱吃烤肉，时常会点名要吃季家的烤肉。曾

什刹海北岸的烤肉季

烤肉季烤肉图

经有一家烤肉铺子想从烤肉季那里抢下这宗买卖，说通了醇王府的管事，把自家烤肉送入王府内，不料载沣只吃了一口就大发脾气，说这不是季傻子烤的肉，吓得管事的再也不敢叫别家的烤肉进府了。

烤肉季以烤羊肉为主，后来也烤牛肉。之所以能够美名远扬，百年不衰，一是用料精选不凑合，二是刀工讲究不马虎，三是烹制方法独特。

烤肉季对原料和刀工十分讲究。上等的羊肉选用体重 20 公斤左右、黑头团尾的西口绵羊，其次是西口山羊或北口热河等地的长尾羊，并且只选后腿和上脑部位。烤肉季每天清晨都到京城各大羊肉铺精心挑选，再精剔细选进行加工，剔除筋骨肋膜。将鲜嫩羊肉用布包好、压冰，再用特制的切肉片刀，把羊肉切成两三寸长、一寸宽的半透明薄片，肥瘦分开，便于食客根据不同口味选用。喜欢吃瘦肉的有满盘红色的“黄瓜条”，喜欢吃肥肉的有红白各两端的“大三岔”，喜欢吃肥瘦相间的有五花三层的“小三岔”，有专喜欢吃羊腱子的，肉片则切得厚一些。后来烤肉季增加了烤牛肉，则不选耕牛选用槽牛，才能保证肉质鲜嫩，而且只用牛上脑、里脊和排骨肉。

烤肉季烤肉用的燃料也很讲究，一般不用杂木，最好的是选用松塔或者松木、柏木。松烟散发出的特有的香气，使烤出的羊肉也有了一股松香味道。

烤肉的基本吃法是边吃边烤。在一张大圆桌上放一口板沿大铁锅，锅沿置一铁圈，中间留一火口，以便随时添投木柴。铁圈上再放上铁条炙子，羊肉就在炙子上烤。吃的时候，备好一碗调料：大蒜末、香菜末、卤虾油、酱油、料酒等。后来，又增加了香油、醋、姜汁、味精、白糖、辣椒油等调料，食客可以依据自己的口味随意调制。还要备一碗凉水，羊肉片烤之前先在凉水里蘸一下，再放在炙子上翻烤，待颜色稍变，即可取下，蘸调料入口。也可以将涂有鸡蛋清的肉片，先在调料中搅拌之后再烤，滋味浓厚。再搭配以清口的冰黄瓜、冰西红柿、糖蒜、大蒜等助餐。食客尽可以随性选择肉的肥瘦、烤的老嫩焦煳、

烤肉季外景

味的咸淡甜辣、食的急缓快慢，自烤自吃，乐趣无穷。如果不想自己动手，也可以请店伙计在旁代烤，只动口，不动手。

在烤肉季吃烤肉,还配有特色主食。如自制的荷叶粥、牛舌饼。荷叶粥是用大铜锅熬制，即将出锅时，覆盖上从湖中现采摘的新鲜荷叶，散发出阵阵诱人荷香。

从民国十六年（1927 年）起，季家由第三代季阁臣开始经营，烤肉季也由荷花市场上的临时摊棚变成了有固定门面的正式餐馆。这个时期烤肉季生意越做越好，名气越来越大，烤肉季利用前街后湖的优越的地理条件，临湖搭榭设立了“水座儿”，优雅的环境更是吸引文人墨客来此吃肉饮酒，赏荷戏水，观山览景，谈文论画，被著名国画家溥雪斋称为“莲池别墅”。

中华人民共和国成立后，1955 年首次翻建了烤肉季原来的老店，扩充了营业面积。许多文化艺术界知名人士仍然钟情烤肉季。溥杰、郭沫若、老舍、费孝通、梅兰芳、马连良、张君秋、黄苗子、侯宝林等，经常来此用餐、会友，并为烤肉季留下了不少诗词、墨宝。日本前首相田中角荣、菲律宾议长马赛达、印尼副议长、多国驻华使节等，都曾慕名远道而来。美国前总统老布什任美国驻华联络处主任时，曾经特意骑着自行车，专程沿什刹海寻迹而至烤肉季品尝烤肉。

如今的烤肉季，在景致优美的什刹海北岸，一座仿古二层砖木小楼。经过多次翻修扩建，现有 600 多平方米营业面积，大厅、雅间古朴优雅。精品特色菜肴，除传统的烤牛羊肉，还增加了涮羊肉、清真烤鸭和特色菜。如炒龙凤丝、杏干羊肉、鸡米海参、

银锭桥畔烤肉季

炸烹大虾、松鼠鳜鱼、炸羊尾、扒驼掌、松肉等，以独特的风味，精良的制作，周到的服务，延续和展现百年老号的饮食文化。

烤肉宛

烤肉宛是北京城最著名的清真风味老字号之一。原址在宣武门内大街路西，从清初康熙二十五年（1686 年）开业，至今已有 300 多年历史了。

创始人是一位姓宛的回民。康熙年间，他从京东大厂来到北京，落脚在宣武门外下斜街一个专门制售酱牛头肉的“锅伙作坊”当学徒。不久，他靠着积攒的一些本钱，在西单南大街一带推车流动售卖自制小食品。时间不长，他就选中宣武门内大街路东安儿胡同西口，支起棚子卖烤牛肉，也兼卖些包子、烧饼等，人称“安儿胡同烤肉”。因为他选肉、切肉都很挑剔和讲究，且练有一手漂亮刀工，人们爱吃他烤的肉，也爱欣赏他的刀工“表演”，遂称他为“宛伯”“烤肉宛”。

宛家的烤肉以烤牛肉为主，后来又增加了羊肉。几百年来，烤肉宛坚持自己的四大特色：

特色之一是严格精选原料。牛肉选用乳牛，或体重 300 斤以上、4 岁左右的西口羯牛，就是经阉割过的公牛。而且只选牛的上脑、里脊、排骨等肉嫩的部位用来烤肉。羊肉只选用体重 40 斤左右的西口团尾绵羊，或经阉割过的公羊，或是乳羊。

特色之二是工艺复杂，制作精细。在加工牛羊肉片时，有独

烤肉宛伊斯兰教建筑风格的店面

烤肉宛原址

特的刀法、精湛的宛化刀工。切出的肉片薄而均匀，整齐如一。

特色之三是燃料讲究。烤肉选用的是能够散发阵阵芳香的松塔、松枝等燃料。烤肉宛的炉火烧得很旺，远远就能闻见扑鼻的松香味。

特色之四是风味独特。烤肉宛店内的烤肉桌子上支着专用炙子，食客边吃边烤。将肉片放入姜汁、酱油、料酒、卤虾油、西红柿、鸡蛋清等调制的味汁中腌渍入味，再把炙子用羊尾油擦涂后加热备用。吃的时候把切好的葱丝铺在热炙子上，就可以烤肉了。烤至肉将熟时，撒上香菜末，再翻动肉片。当牛肉呈现紫色，羊肉呈现粉白色的时候口感最佳。鲜嫩滑爽，润泽含浆，肥而不腻，瘦而不柴。烤肉宛的肉香中和着阵阵松木香，在北京城闻名遐迩，与北城什刹海北岸的烤肉季并称“南宛北季”。

烤肉宛内的烤肉炉

老北京有句流传很广的歇后语,“吃了烤肉到卢沟——晚(宛)来晚(宛)走”。借“晚”与“宛”的谐音,用“晚来晚走”把去卢沟桥要经过的重要城关宛平县城与烤肉宛餐馆联起来。烤肉宛在老北京城极高的知名度由此可见一斑。

烤肉宛在20世纪30年代中业务发展很快。购置和扩充地盘,搭建铅棚,扩大营业面积。当时,食客盈门,每日售烤肉100余斤。每日下午四时开始生火烤肉,三时就有客人待守。京城的达官贵人、政要,以及市民和外国人都经常光顾,也有人专门乘汽车远道而来,生意十分红火。著名画家齐白石、京剧名家梅兰芳等就是烤肉宛的常客。齐白石还多次为烤肉宛题字作画,如“仁者多寿”的《寿桃图》、题诗为“岁寒松柏同精健,知是无生热血多”的《梅花图》等。

北平解放以后，烤肉宛对店堂、店门等都进行了整修。“文化大革命”中，曾经一度更名为“牧平烤肉店”。直到“文化大革命”结束以后，才恢复了原有老字号，并再次扩大了营业面积，增添了数十种清真菜肴，被誉为“西城清真四杰”（西单又一顺、西长安街鸿宾楼、民族文化宫清真餐厅、烤肉宛）之一。

如今，烤肉宛总店已经迁址到西城区南礼士路。装饰一新的店堂里，还专门开辟出单间，重新恢复了老北京具有百年传统特色的“武吃自烤”。可以一二十人围着一个盖着大铁箅子的炭炉子，单腿踩在条凳上，手执尺二“六道木”，夹上入味牛肉料，炭火炙肉，自食自烤，边食边饮，重现了老字号当年的烤肉情景。烤肉宛还向普通市民推出了“营养家宴”。

都一处

说到北京名吃烧卖，就一定要说到都一处，这家著名老字号声震京城 200 多年而不衰。

都一处在成名之前并没有自己的正式名号，只以“李记”为酒幌。店主人姓李，清朝乾隆初年从老家山西来到北京，投奔了当时在前门一带非常有名气的酒馆“碎葫芦”做学徒。“碎葫芦”所在地为京城最繁华的前门外肉市，这里人来人往生意兴隆。他聪明机灵，很快掌握了制作一些小吃、小菜的技巧，以及在京城繁华区不同酒店的行市、怎样经营、待客、应付各种场面等等。

都一处虎头匾

他在“碎葫芦”学徒三年后，乾隆三年（1738 年），辞了这份差事，在前门外大街路东，鲜鱼口南，开张了自己的“李记”酒店。把“李记”两个字写在酒葫芦上，高高挑起来当幌子。这个新开张的“李记”酒店，其实并无店面，只有一处固定的摊棚，垒个炉灶、赊几坛子酒、十来斤肉，支个摊子，挂个幌子，摆几张桌子几张凳子，雇一个伙计，招一个学徒就开张了。摊子虽不大，但却开张大吉，颇有顾客缘，光顾的客人络绎不绝。几年时间就积累了一笔钱。乾隆七年（1742 年），李掌柜买地建房，盖起了只有一间门面的两层小楼。楼下设四五桌接待散客，楼上辟出一二雅间招待有身份的顾客。

小酒店经营的酒菜，除了煮小花生、玫瑰枣、酥鱼等应时小菜和山西面食、北京烧酒，更有李掌柜从山西老家引进的京城独一份的马连肉、晾肉、糟肉、面筋等特色菜，吸引了不少回头客。马连肉要精选上好带皮五花肉，切成四寸长、一寸宽、两寸半厚的肉条，用马连捆绑成五条一捆，配以口蘑等辅料，加适量葱、姜、蒜等晾成冻，切片佐酒，香而不腻，还带有马连的清香。晾肉则精选去皮瘦猪肉，切成四寸长、一寸宽的薄片。风干后，以面筋、木耳等调上红曲为辅料，加盐、糖、葱、姜、大料等佐料蒸透，

郭沫若书写的都一处匾额

微甜微咸，醇香利口，余味悠长。成为名震京城的特色菜。

李记小酒店在乾隆十七年（1752年）时，正式有了自己的字号。这一字号的得来，可有着不同寻常的故事。小店地处前门外大街路东，面对着京城正阳门外的御道，凡皇帝祭天、南巡、出访，王公大臣进出皇城都必经此路。传说这一年的旧历年三十夜晚，京城家家户户都守在家中吃年夜饭，平日里热闹的前门大街上，大大小小饭庄、酒楼也都早早打烊上板谢客。高门大户之中，猜拳行令、酒肉寻欢之声，与京城上空的辞旧迎新、欢乐喜庆的爆竹声交织在一起。只有李记小店仍然点灯明烛开门迎客，店堂中客人稀少颇为冷清。此时，店外三个客人下马进店。三人为一主二仆，主人一副文人模样，二位仆人手执纱灯陪侍左右。三人上了二楼雅间落座，端上酒菜后，边吃边聊。客人对酒香菜美招待殷勤很是赞赏，只是前门外这一带的致美斋饭馆、碎葫芦酒店等很有名气，却不记得有这样一个酒店，就问身边伺候的小伙计此店的字号叫什么，伙计回答说，酒店小还没有字号。客人望着窗外平日热闹繁华的商铺家家都打了歇，感慨地说，这时候仍然还不关门歇息的酒店，京都就独有这一处了吧，就叫“都一处”吧。送走客人后，谁也没再把这事放在心上。可是不经意间，小酒店已经红运当头。

没过数日，皇宫里突然派人来到小酒店，送来了一块题为“都一处”的木质黑漆牌匾，并说明了原委。大家这才知道，原来大年三十晚上是真龙天子驾到。乾隆皇帝微服出访回宫时来此喝酒，回宫后又亲自为这个不知名的小店御笔书写了“都一处”这三个字，派人制了匾送过来。这块牌匾黑底金字，椭圆形，状似虎头又似蝙蝠，“都一处”三字端方遒劲，店家又惊又喜，当即对着这块匾叩头跪拜，并把它高挂在店堂之中，还把乾隆皇帝坐过的“龙椅”包上黄绸，供在楼上雅间，不许客人再坐。后代的传人更是把乾隆皇帝走过的店堂中的一条土路“保护”起来，200 多年以来，两边地面都铺了砖石，唯独这条土路一直保存着，并把这条土甬道称为“土龙”，数百年不扫，以保留其真龙天子足迹。嘉庆年间，

都一处乾隆题匾雕塑

张子秋《续都门竹枝词》中写到酒客们一边饮酒一边谈论店中的这条“御道”，酒趣十足：“一杯一杯复一杯，酒从都一处中来。座中一一糟丘友，指点犹龙土一堆。”“都一处”因此而得名，也因此而一夜红遍京城，身价倍增，生意更火了，许多人慕名而来。除了一睹匾额真容，也为品尝小店独一无二菜肴的美味。

都一处传说的虚实不得而知，美酒佳肴却因此而名满京城。清朝同治年间，李静山写的一首竹枝词《增补都门杂咏》对“都一处”赞曰:“京都一处共传呼,休问名传实有无。细品瓮头春酒味，自堪压倒碎葫芦。”此时的都一处已经跻身为北京知名字号之列并开了分号。除了继续保留自己的传统风格和传统菜肴，新推出的烧卖、炸三角、佛手露等又成为其特色品牌。

都一处的烧卖最为有名。历史记载，元朝大都城里就有烧卖出售。当时叫“稍卖”。元朝有一本叫《朴通事》的书这样解释说：“以面作皮，以肉为馅，当顶作为花蕊，方言谓之稍麦。”都一处的烧卖选料严格、制作精细、造型美观，烧卖皮是用直径三寸的烫面制作的，而且皮薄不足一毫米。包馅时用手捏成 24 个褶的石榴花形状，根据不同的节气制作猪肉馅、蟹肉馅、三鲜馅等不同口味。“稍麦”上还挂着一层蒸熟的干面粉，犹如白霜。用小笼蒸熟，就像一朵朵白莲花。薄皮大馅的烧卖，咬一口鲜美异常，既解馋又解腻。都一处的蟹肉馅烧卖，“玉盘擎出堆如雪，皮薄还应蟹透红”。

都一处另一样传统招牌食品是炸三角。烫面为皮，瘦肉丁做成馅，馅里再掺些肉冻，包成三角粽子形状再用油炸。出锅后肉冻融化，饱含汤汁，外焦里嫩，满嘴生香。当年北京著名京剧演员裘盛戎就常来都一处尝这一口儿。都一处渐以制作各种包馅食品为特色。

北平解放以后，经过公私合营、迁址，都一处在原址向北迁到鲜鱼口以北的繁华之处，营业面积扩大到200多平方米。都一处特别培训了一批能制作马连肉、晾肉、烧卖、炸三角等传统特色美食的名师。都一处每天都接待大量慕名而来的食客，也有社会名流。人大常委会副委员长郭沫若先生就常来此品尝烧卖。1965年，郭沫若携夫人到此吃饭，同饭店经理栾寿山谈到了乾隆皇帝的御匾，栾经理说，都一处这块虎头匾挂在店堂中央供着，可店门口还缺块匾，一直想请郭老给写一块匾，只是不好意思开口。郭老后来果然写了“都一处”三个笔锋豪放、

都一处烧卖

刚劲有力的大字。如今郭老写的“都一处”匾额挂在店门口，与挂在店堂正中的乾隆皇帝的御笔“都一处”虎头匾相映生辉，为老店添彩。

“文化大革命”中，都一处曾经更名为“燕京烧卖馆”，乾隆皇帝坐过的“龙椅”遗失，虎头匾也险些被毁。是栾经理偷偷把它藏到库房的杂物下，躲过一劫。1981 年，恢复了都一处老字号，虎头匾重见天日。

如今，坐在前门外大街都一处，赏店堂内外两块老匾，叙都一处 200 年传奇故事，酌老北京烧酒，品都一处特色烧卖，感受京城老字号的世事沉浮、沧桑变迁，是一种体验和享受。

正阳楼

位于前门外东南的正阳楼饭庄，是清末民初被誉为“八大楼”之一的北京著名风味餐馆，开业于清道光二十三年（1843 年），距今已有 160 多年历史。

正阳楼的创始人是一位姓孙的山东人，他于道光年间来到北京，在前门外繁华热闹的肉市街内摆个小酒摊做小买卖。几年后有了些积蓄，就在肉市街南端路东盘下一家小酒楼，雇了几个伙计和学徒，正式挂出“正阳楼酒楼”的招牌。希望借前门正阳门之名，使生意像正午的太阳一样火热，长盛不衰。

清代北京城的南城墙有三座城门，也称前三门，其中正中的城门叫正阳门，俗称大前门，也就是老北京人口中的“前门楼子”。

正阳楼牌匾

这家小酒楼因为地处正阳门外，才起了如此一个大号。

酒楼上下两层，楼上楼下都设酒座。正阳楼以鲁菜出名，螃蟹菜和烤、涮肉更是誉满京城。刚一开张，就以独特风味的烤肉、涮肉、秋季大螃蟹、京东烧锅酒，以及山东风味炒菜而叫座，受到京城顾客欢迎。正阳楼声名鹊起，宾朋满座，生意兴隆。

光绪末年，孙振清的次子孙学仕接管正阳楼酒楼，因其出众的社会活动能力，民国十二年（1923 年）当上北京市商会会长，民国初年的正阳楼酒楼，发展更是如日中天，一些军政要人，如袁世凯、黎元洪、段祺瑞等都是正阳楼的常客，有时国宴也在这里举行。正阳楼成为京城著名的高档饭庄，在北京著名的“八大楼”中排行第四，成为当时各界名人议事聚会的场所，极具影响力。旧京竹枝词中就多有描绘正阳楼的笔墨：“烤涮羊肉正阳楼，沽饮三杯好浇愁。几代兴亡此楼在，谁为盗跖谁尼丘？”

正阳楼不仅山东风味的鲁菜做得地道，还迎合北京地方风味特色，经营烤、涮牛羊肉，并且逐渐形成了正阳楼特色的烤涮系列。

作为正阳楼传统特色招牌菜的涮羊肉，有三大特点。其一，选料精细。只选羊后腿做原料。其二，精湛的刀工，在京城堪称一绝。羊肉片切得又薄又细，方正匀称，切成的肉片摆放整齐，显现出红白相间的纹理，宛若艺术品。此独家技艺，京城无人能比。食客来此享受肉嫩汤美的涮羊肉的同时，还将欣赏正阳楼师傅的刀法技艺作为又一大乐事。其三，汤料原料的使用，突破伊斯兰教义的限制，在涮羊肉的火锅中使用鸡鸭汤、口蘑猪肉汤等，甚至“径以猪油放置汤中”，汤的味道更加鲜美。北京经营牛羊肉的饭庄饭馆，大多是信仰伊斯兰教的回民开设的清真馆，正阳楼酒楼却是由汉人经营，所以制作牛羊肉菜品不必受到伊斯兰教规的束缚，最大限度地保障牛羊肉菜肴的鲜香味美，去除膻味，与清真

正阳楼饭庄

饭馆制作的牛羊肉在味道上有很大不同，更具独特魅力，尤其受到汉民食客的欢迎。

烤羊肉也是正阳楼早期的特色名菜。烤羊肉的吃法与今日韩式烧烤有所不同，《都门琐记》记载说："正阳楼以羊肉名，其烤羊肉置炉于庭，炽炭盈盆，加铁栅其上，切生羊肉片极薄，渍以诸料，以碟盛之。其炉可围十数人，各持碟踞炉旁，解衣盘碟，且烤且啖（吃），佐以烧酒，过者皆觉其香美。"民国二十四年（1935年）出版的《旧都文物略》中，也述及正阳楼的烤羊肉："正阳楼之烤羊肉，都人恒重视之，炽炭于盆，以铁丝罩覆之，切肉者专门之技，传自山西人，其刀法快，而薄片方整，蘸醯（醋）酱而置于火，馨香四溢。食者亦有姿势，一足立地，一足踏小木几，持箸（筷子）燎罩上，傍列酒尊，且炙且啖（吃），往往一人啖至三十余柈（大块木炭），柈各盛肉四两，其量亦可惊也。"当时正阳楼的烤羊肉已经以切羊肉片刀法精湛，蘸料香美而闻名京城。秋冬季节客人在正阳楼围炉自烤，佐以烧酒，边吃边饮，胃口大开。往往一餐而食数斤肉才解馋。烤肉除羊肉以外，牛肉、猪肉、鱼肉等也可以同时上火烤食。

夏秋之际，正阳楼的大螃蟹也是与烤羊肉齐名的高档美味菜肴。清朝的《旧京琐记》《旧京秋词》等也都有所述及，"肉市之正阳楼，以善切羊肉名，片薄如纸，无一不完整。蟹亦有名，蟹自胜芳（河北渤海之滨）来，先经正阳楼之挑选始上市，故独佳，然价亦倍常"。"北京蟹早，曰'七尖八团'。旧京之蟹，以正阳楼所售为美，较市价数倍，然俗以不上正阳楼为耻"。真实地描述了正阳楼作为京城名店、名菜的历史。

20 世纪 40 年代末，正阳楼歇业。1984 年底，“正阳楼饭庄”在正阳门箭楼东南角的打磨厂易地重张，经营山东风味的鲁菜、北京风味的烤鸭。饭庄推出了一批名菜，如“赛螃蟹”。这道菜以黄鱼为主料，将黄鱼蒸熟撕碎，用猪油与鸭蛋黄搅炒，加入勾兑好的调料汁，再撒上姜末，成品呈蟹黄色，肉质鲜嫩。因为它色、味俱似螃蟹而得名。后来正阳楼又推出“龙菜”系列，以海鲜、禽、蛋、菌类、青菜为主料，制作出“蛟龙卧雪”“龙子相会”“二龙戏珠”“群龙献宝”“游龙戏凤”“蛟龙闹海”等。

如今正阳楼饭庄一楼经营快餐，二楼餐厅仍然以经营山东风味的鲁菜为主，内设中餐厅、贵宾厅和雅座单间，可同时容纳 200 余人就餐。有招牌菜小笼螃蟹、蟹肉酥盒、赛螃蟹、正阳涮肉等，其他名菜还有鸡里蹦、酱汁鹌鹑、酱香鲜蟹、酱香龙茄、响油鳝糊、醋椒生鸡片、正阳湖淋鸭等。

链接：八大楼

清末民国初年，北京有多家著名的风味餐馆老字号，包括正阳楼、泰丰楼、新丰楼、万德楼、悦宾楼、庆云楼、会元楼、东兴楼等，号称八大楼。八大楼大多为山东人创办，并以经营山东风味的鲁菜、面点为特色。

正阳楼开业于清朝道光二十三年（1843 年），最初由孙姓山东人在前门外肉市街南口路东挂出了“正阳楼酒楼”的招牌，以经营山东风味的鲁菜、北京风味的烤羊肉、秋季渤海大螃蟹和京东烧锅酒为特色，到清末民初发展为驰名京城的高档饭庄，最有特色的是涮羊肉，以选料精细，汤料鲜美，刀工精湛，一涮就熟，鲜嫩可口而传誉京城。20 世纪 40 年代末倒闭，80 年代中期在正阳门外东南打磨厂重新恢复老字号。招牌菜有涮羊肉、小笼螃蟹、蟹肉酥盒等。

泰丰楼是清朝道光初年由孙姓山东人在前门外大栅栏煤市街创办的。泰丰楼内轩敞宏丽，有房百余间，可同时开席 60 余桌，在当时规模为北京城南之最。泰丰楼经营山东风味的肴馔，著名菜肴有砂锅鱼翅、烩乌鱼蛋、葱炸海鲜、酱汁鱼、锅烧鸡等，尤以“一品锅”最受食客欢迎。20 世纪 50 年代初歇业后，于 1984 年在前门西大街重新开业，恢复了泰丰楼的老字号。特色菜肴有一品官燕、砂锅鱼翅、红烧海参、珍珠活鱼、烩乌龟蛋、糟溜鱼片、清蒸鸭子、四生片火锅等。

新丰楼是民国四年（1915 年）在虎坊桥香厂路口开业的。以经营白菜烧紫袍、油爆肚丝、芝麻元宵、素面等为特色，成为著名的八大楼之一。1949 年歇业，1984 年恢复老字号，并迁址到白广路南口 35 号重新开业，保持山东风味特色。饭庄特聘原东兴楼名师，承继了昔日著名特色菜肴：烩乌龟蛋、爆鸡肝丁、糟溜鱼片、糖蒸鸭肝、油焖大虾等，并且首创烤鸭片饽饽。

万德楼开业于清朝同治年间，位于前门外珠宝市。特色菜肴如拌瓤子、白切肉、杓来亲酱等，特色面点如烂肉面。

悦宾楼开业于清朝光绪初年，由田姓山东人在前门外大栅栏创办。特色菜肴有红烧鱼头、神仙全鸭等，风味面点有琥珀莲子、枣泥门丁、韭菜篓等。

庆云楼如今已成为越南风味餐厅

庆云楼开业于清朝道光年间，位于风景秀丽的什刹海北岸烟袋斜街。山东风味特色，面点有盅糕、炸春段等。

会元楼是清朝光绪年间在前门外抄手胡同开业的。其自创的菜肴余散丹、豆腐羹等很有特色。

东兴楼于清朝光绪二十八年（1902年）在东安门大街路北开业。东兴老号最初并无楼，亦称“东兴居”，是一座有两个院落、三进平房的四合院式大宅院。据说东兴楼原本是打算建楼房的，建筑材料也都按照建楼房的尺寸准备好了，准备动工时，得到明人指点，说此处地处皇城根儿，建楼房有窥视大内之嫌。于

东安门大街上的东兴楼外景

今日东兴楼外景

是，东兴楼主人用建楼房的大尺寸材料，建了这座高大的平房院落。据说东兴楼开业时，请的是原来在清宫御膳房就职的厨师。1937 年，东兴楼在东安门大街路南终于盖起了楼房，楼内装潢讲究，餐具精美豪华，象牙筷、银勺、细瓷餐具上皆刻有蟠龙花纹，高贵华丽，成为京城高档饭庄，号称“八大楼”之首。当年白崇禧就在这里巨资盛宴，招待军界同僚。东兴楼经营山东胶东风味菜肴。特点是清、素、鲜、嫩，油而不腻，菜品色、香、味俱佳而赢得众多食客。特色菜肴有净扒鱼翅、油爆双脆、清汤燕菜、酱爆鸡丁等。东兴楼 1944 年歇业，直到 1983 年才恢复了老字号，在东直门内大街 47 号重新开业，仍以胶东菜系风味为特色。招牌菜为油焖大虾、糟溜三白、糟溜鱼片、韭菜篓、虾子烧冬笋、爆双脆、火腿煨冬笋、东兴一品狮子头等，兼营挂炉烤鸭。

对于昔日京城著名的“八大楼”，另一说为正阳楼、泰丰楼、新丰楼、东兴楼，以及清初在前门外煤市街开业的致美楼、位于菜市口的鸿兴楼、位于王府井的安福楼和位于和平门一带、经营江浙风味菜肴的春华楼。

东来顺东安市场图

东来顺

“羊肉谁家嫩，要数东来顺。”以涮羊肉为特色的东来顺，是一家清真风味饭庄，坐落在王府井大街东安市场北门。也是在京城享有盛誉的百年老字号。

东来顺最早是从一个小粥摊开始起家的。清朝末年，河北沧县人丁德山一家来到北京东直门外二里庄，每天靠挖黄土进城售卖为生。丁德山很快发现京城里王府井、东安门、东华门一带店铺林立，商贩云集，买卖兴旺。尤其是元宵赏灯时节，这里的灯饰尤为热闹，吸引了大量游人来这里赏灯、购物，人来车往，摩肩接踵。

清末街头热卖的食摊

清末光绪二十九年（1903 年），北平市政府在东华门大街修筑马路，将原来在路两旁叫卖的商贩全部迁到东安门外刚刚建立起来的东安市场，这里原来是清朝八旗子弟的练兵场。丁德山抓住这个机会，向亲友借了一辆手推车、一张木案、一条长凳、几块银圆，准备了简单的餐厨用具，也在东安市场内摆了个小饭摊，叫卖豆汁、荞麦面扒糕、熟杂面等。后来又添了贴饼子和粥。饭摊虽不大，却干净整洁，物美价廉，从而得到很多顾客的认可。丁德山为了扩大销售增加收入，在保证饭摊开张的同时，还尽可能多地推车去赶城内各处的庙会。老北京庙会多，比较著名的有厂甸庙会、隆福寺庙会、护国寺庙会、白塔寺庙会、白云观庙会、东岳庙庙会、城隍庙庙会等。几年下来，丁德山有了一点积蓄。

清光绪三十二年（1906 年），丁德山在东安市场内原来摆摊的地方盖起一个固定的棚子，雇了一个伙计，正式挂出“东来顺粥摊”的牌子，这就是后来东来顺饭庄的前身。“东来顺”意为从东直门外来，生意一帆风顺。为了经营好这个买卖，丁德山还在东直门外住家附近典种了一片菜园子，交由妻子、母亲等人种菜，既能为饭摊提供各种新鲜蔬菜，还为粥摊开发出了各种佐餐小菜，又降低了经营成本。

白云观庙会盛况

民国元年（1912

年）2 月，正在丁德山悉心经营的东来顺粥摊顺利发展的时候，发生了“北京兵变”。袁世凯为了对付南方的革命党人，策动曹锟的部队在北京哗变，乱兵四处抢劫，东安市场遭洗劫后被焚毁，各商家损失惨重，东来顺也未能幸免。兵变之后，东安市场内许多商家一蹶不振，破产倒闭，丁德山却不甘心，他四处设法筹集资金，在东来顺粥摊原址盖起几间灰瓦房，终于在 1914 年重新开张，并更名为“东来顺羊肉馆”。他雇伙计，招学徒，开始正式经营涮羊肉和炒菜。

涮羊肉作为北京清真风味传统食品，有着悠久的历史。200 多年前的清朝嘉庆元年（1796 年）正月，嘉庆皇帝在紫禁城内大设“千叟宴”,就使用了 1550 多个火锅涮肉。据《清稗类钞》记载，冬日北京各饭庄、酒楼都支火锅经营涮肉，浓汤旺火，涮肉其中。无论回民还是汉民，都以涮肉为冬令美食:“京师冬日，酒家沽饮，案辄有一小釜（锅），沃汤其中，炽火于下，盘置鸡鱼羊豕之肉片，俾客自投之，俟熟而食，故曰‘生火锅’。人们无分教（伊斯兰教）内教外，均以涮羊肉为快。”从鸡鱼羊猪什么肉都涮，到后来以涮羊肉为主要特色风味，是因为羊肉鲜嫩易熟。上好的涮羊肉非常讲究，羊肉是否鲜嫩，肉片切得是否薄而均匀，都直接关系到涮出的羊肉肉质和口感。旧时北京涮肉名店有正阳楼饭庄、聚宝堂饭庄等。

丁德山为了让东来顺羊肉馆以一个高起点立足北京，从原料、调料、技术、管理各方面都精心设计经营，逐渐形成了选料精、刀工细、佐料全、火力旺的特点，在京城确立了自己的独特风格和地位。

为了保证给东来顺源源不断地供应优质羊肉，丁德山陆续在东直门外买下几百亩地，作为生羊储备基地。每年秋季，东来顺都派专人在德胜门外马甸的羊市集中买羊，再交给佃农代为牧养，以羊粪代工钱。东来顺每年从这里出栏四五千只羊。东来顺买进的，都是内蒙古地区的优质大尾绵羊，主要是阉割后两三年的公羊，也叫“羯羊”，或者是仅产过一胎的母羊，它们的特点是肉嫩鲜美，不膻不腻。这些羊屠宰后只取脊骨、后腿等部位的精肉，其余的卖给羊肉铺子。

精选出的羊肉经过去皮、剔除筋骨、冷冻之后再切片。当时前门外正阳楼饭庄的涮羊肉最有名，尤其是正阳楼师傅切羊肉片的功夫堪称京城一绝，丁德山便出高价把正阳楼饭庄技艺高超的切肉师傅挖了过来。他切的羊肉片每片都四寸长一寸宽，每半斤肉竟能切出约 40 片。片薄如纸、整齐均匀的肉片对折后码放在青花瓷碟中，宛若葵花般美丽，看起来赏心悦目。吃的时候，肉片放入沸水中，一烫即熟，鲜嫩可口，很受客人赞赏，东来顺也因此名声大振。正阳楼来的师傅后来还为东来顺带出一批刀工精湛的徒弟。

东来顺还在涮羊肉的调料上下功夫。将芝麻酱、绍兴黄酒、酱豆腐、腌韭菜花、辣椒油、虾油、酱油、细葱花、香菜末等，红、黄、白、绿、酸、甜、咸、辣的各式佐料分别盛在小碗中，客人依据自己的口味和习惯，随意调制。另有糖蒜、粉丝、冻豆腐等清口辅料，可以依据需要佐食。这些调料、辅料看似平常，其实很有

东来顺饭庄

讲究：自制的腌糖蒜，只选用夏至节之前二三天起出的白皮大六瓣蒜，再经过去皮、盐卤水泡、倒坛装坛等过程，加桂花、白糖精制，需时三个月才能制成，成品外观白嫩鲜亮，口感香甜清脆；吃涮羊肉用的酱油，则选用特制的铺淋酱油，其中加入甘草、桂皮、冰糖，经过一年之久才得制成，成品咸中略甜，气味香醇鲜美；东来顺腌制的韭菜花，加入了酸梨，味道酸甜可口；上等芝麻酱是用香油调制而成；辣椒油是用小磨香油炸干辣椒制成；虾油只用河北南北堡的名品；酱豆腐只用王致和的精品。锅底用口蘑汤、海米，鲜香味美。为了保证东来顺涮羊肉的调料、辅料的品质，最初附设作坊，购进大麦、黄豆、小米、芝麻等原料加工制作，后来陆续开设了天义顺、永昌顺两家酱园，加工规模更大了。前店后厂的形式既能降低加工成本，而且能保持东来顺独特的风味。

东来顺还开设了长兴铁铺自制专用火锅。这种火锅的特点就是中间盛炭火的炉筒又大又长，火力特旺，能保证羊肉一涮就熟，鲜嫩适口。

东来顺很注重依据季节的变化，随时调整经营内容。在涮羊肉的淡季，不同季节分别增添杏仁豆腐、豌豆黄、元宵、年糕、粽子、月饼、冰激凌、水果等品种，买卖淡季不淡，四季兴隆。

民国十七年（1928 年），东来顺扩建了三层楼房，有雇工 140 多人，可以同时接待食客四五百人。楼上二三层开设雅座，以涮羊肉为主，增加了山珍海味等高档炒菜，可以承办伊斯兰清真教席。一楼则保留原来东来顺粥摊特色，设“大板凳”接待大众用餐。餐桌是长形木质条案，两旁置长板凳，可以 100 多人同时就餐。经营品种也都是大众食品：烙饼、贴饼子、杂面、米粥、豆粥、馅饼、饺子、羊杂碎、各种小菜，这些食品大多用涮羊肉下脚料做原料，肉渣包饺子、做馅饼；羊骨头熬汤下面；下水制作羊杂碎；白菜帮拌成辣白菜；还有用小青椒、香菜、葱花等制成的“老虎菜”，都很受食客欢迎，店里还向就餐的客人赠送四小碟酱菜，名为“敬菜”。因为这里所有食品都分量足，质量好，物美价廉，故而吸引了大量顾客。

在丁德山的悉心经营之下，东来顺规模迅速扩大，并且向其他领域发展。如在东安市场北门外开设的天义顺酱园，安装了电机，用于加工面粉、食油等各种副食品；在朝阳门内的永昌顺酱园，加工处理东来顺的下脚料、售卖粮食；在西城开设又一顺饭馆、同德鸡鸭店；开长兴铁铺自制火锅；购置多处房产，在城内开设大中公寓等。1942年，著名老字号正阳楼饭庄倒闭，东来顺成为京城涮羊肉老大。

东来顺100周年纪念火锅

北平解放以后，1955 年东来顺实现公私合营，原有独特风味都得以保持和发扬。著名作家老舍，国画大师齐白石，京剧名家马连良、张君秋等社会名流，都常来这里宴请宾朋，并留下丹青墨宝。国家领导人周恩来、叶剑英、陈毅、邓小平、郭沫若等也常到此设宴招待外国元首和政要。美国前总统尼克松、国务卿基辛格，日本前首相田中角荣、大平正芳，莫桑比克总统萨莫拉，巴基斯坦总统伊沙克汗等，都对东来顺的美味佳肴给予极高的赞赏。1969 年，东来顺楼房翻建以后，营业面积达到 2000 多平方米，更名“民族饭店”。1979 年，恢复东来顺饭庄的老字号。在保持传统特色基础上，开发出了涮、炒、爆、烤四大系列美食。

1986 年，东来顺在连云港市开办了第一家分店，结束了独此一家别无分号的历史。至今已在 28 个省市自治区建立 100 家连锁店，年收入创 6 亿元。并且还开发了羊肉系列、牛肉系列、调料系列等 23 个大类 200 余种清真半成品系列产品。2003 年，东来顺迎来百年店庆之时，成立了北京东来顺集团有限责任公司，百年老店在新世纪展现新的辉煌。

又一顺

东来顺饭庄自民国三年（1914 年）重新开张之后，生意一帆风顺，资金积累连年增多。从 1930 年至 1948 年，先后独资开设了多家店铺。其中天义顺酱园、永昌顺酱园、又一顺饭庄和东来顺饭庄，一时间成为京城极负盛名的“四大顺”。

又一顺饭庄位于宣武门内大街路西，于 1948 年 8 月 8 日开业。又一顺的厨师是从东来顺选派的精良骨干，以及刚停业的原西来顺的名厨，集中了两“顺”之所长。东来顺以浓郁风味的涮、炒、

又一顺外景（今黄寺大街）

爆、烤为特色，西来顺以华贵、典雅、精致菜肴为特色。又一顺在此基础上逐渐形成了自己的风格：选料精、加工细、工艺考究、造型美观，爆、烤、涮、溜、炸、炒、扒、煨都软烂鲜嫩，质纯味厚。传统名菜有海鲜鱼翅、干贝肚块、生扒羊肉、红煨牛肉、

又一顺匾额

垂鸡生肚、油爆肚仁、涮羊肉、烤牛羊肉、它似蜜、炮糊等百余种。

又一顺的“全羊席”，在京城屈指可数。源自蒙古族的全羊席历史悠久，在清代它的名声堪与闻名中外的“满汉全席”相匹，以豪华的席面，精美的制作，盛大的排场，跻身中华名席。此后的“全龙席”“全凤席”“全麟席”等名席的筵式、名称无不受到全羊席的影响。全羊席的所有菜肴皆用羊肉，根据席面等级不同，每席 10 余道菜至 108 道菜，用肥羊一只到几十只不等。全席菜名不露一个“羊”字，如“采闻灵芝”主料为羊鼻；“凤眼珍珠”主料为羊睛；“千层梯田”主料为羊舌；“水晶肚明”主料是羊肚；“八仙过海”主料是羊肝、肚、心、肺、腰等，别有一番情趣。席间上菜也有一套程式，先上羊头菜，再上羊身菜，最后上羊尾菜。

1968 年，周恩来总理曾在又一顺用全羊席招待巴基斯坦贵宾。

1986 年又一顺重新装修后扩大了规模，有三层营业楼，增加了烤涮自助餐，供烤涮的品种达到了 108 种之多。1999 年，迁址到德胜门外黄寺大街，营业面积达 1100 平方米，可供 300 人同时用餐。末代皇弟溥杰为饭庄书写的“又一顺”三字牌匾，至今仍高悬于店内。

“东来西去又一顺，南来北往只一家。”是说北京城里著名的“顺”字号清真涮羊肉饭庄——又一顺。自从东来顺涮羊肉在民国初年誉满京城之后，一些商家利用东来顺已有的品牌和知名度搭顺风车，出现了很多以“顺”字为号的清真饭庄字号。但这其中只有又一顺是东来顺老板开设，其他“顺”与东来顺并无关系。

西来顺

西来顺开业于民国十八年（1929 年），位于西长安街路南。当时西单最大的恒丽绸缎店经理潘佩华和北京市商会会长冷家骥等人出资 4000 银圆，由著名厨师褚祥担任经理，取名“西来顺”。取此字号，一来是慕当时东来顺的名气，希望借东来顺的盛名亮出自己饭庄的定位；二来借“来顺”的同音同字同号，表明与东来顺都是清真风味的同类饭庄；三是饭庄地处西城，地域上与东城的东来顺遥相呼应，布局上也左右对称。

西来顺以京城名厨褚祥为招牌，在报纸上大做广告，宣传“西来顺饭庄特聘著名庖师褚祥，精做各种菜蔬。”褚祥原在清宫御膳房当差，烹调技艺超群，无论山珍海味或家常炒菜，只要经他手烹制，味道就更加独特鲜美。他对清真风味的烧、烤、蒸、涮都深得其道，而且不断对菜肴进行调整、尝试和创新。如他认为植物油味淡，就改用鸭油烹饪；牛羊肉汤膻，就改用鸡鸭高汤；鱼菜偏腥，就用口蘑、干贝汤调和等。对传统烹制技法既有继承，又有扬弃。1935年4月24日，北平的《实报》曾刊文介绍西来顺："在教门（伊斯兰教）馆子之中，比较最摩登。那位掌灶褚祥先生，往往运用思想，发明一些新式菜，介于半中半西之间，也介于荤素之间。阔人请客，朋友小吃，都行得。"在他的主理下，西来顺的全羊席、烤牛肉，以及各式清真炒菜等，都吸引了大量食客，生意兴隆，名声大振，一时间，竟与东来顺齐名，旧京竹枝词中，就有"东来顺、西来顺，羊肉专家谁与竞"的句子。京城一些文人、名士常到这里宴请、聚会，如京剧名家马连良就经常光顾。饭店还专替他们备下小折子，这些熟客每次来吃饭，只需签个单。到端午、中秋、春节"三节"时，店里再派人到家里收钱。

20世纪40年代，只有40岁的褚祥突然病故，西来顺的号召力随之大跌。祸不单行的是，出资方恒丽绸缎店此时倒闭，出资人潘佩华撤股。加上时局动荡，原料、调料严重短缺，社会消费能力下降，西来顺经历了一段辉煌之后，被迫关门停业。

80年代初，西来顺重新恢复了老字号。店址设于阜成门内大街路南，经营传统清真菜肴。特色名菜有花生鸡丁、北京烤鸭、红扒整鸡、芫爆散丹、鲍鱼龙须菜、鱼肚烧海参、它似蜜等。

南来顺

南来顺是1937年由石昆生先生创办的清真风味小吃店，位于南城宣武门外菜市口。曾以爆、烤、涮闻名于京城。经营品种有蒸货、炸货、烙货、年货、汤粥等四季小吃。品种繁多，以炸馓子、麻花最有名。南来顺无论名气、规模、排场、经营形式和内容，都与东来顺、西来顺、又一顺无法相比。

1999年2月，南来顺迁移到南菜园街12号，毗邻北京大观园，营业面积1300平方米，外观为雕梁画栋的仿古建筑，内装富丽堂皇，富有民族特色。

如今南来顺饭庄是京城清真饮食文化的典型代表，近百种风味小吃，蒸、炸、烙、粘、煮地道纯正，誉满京城。特色菜品有三元驼掌、麻豆腐等。三元驼掌：选用熊驼掌，配以冬瓜、莴笋等调料蒸制而成，色泽鲜艳，口味鲜香，驼掌软烂，营养丰富。麻豆腐：选用麻豆腐、雪里蕻、青豆、肥羊肉丁，佐以调料炒制而成，口味软烂。

南恒顺（一条龙）

南恒顺又名“一条龙”，位于前门外大街路西，是早于东来顺100多年开业的清真风味老字号，创办于清朝乾隆五十年（1785年）左右，至今已有200多年历史。南恒顺最初只是一个经销羊肉，并代售火烧的小铺子，名叫“南恒顺羊肉馆”。

传说光绪二十三年（1897 年），光绪皇帝微服私访时曾到这家小店吃过一次饭。这年春末的一天，南恒顺来了两位顾客，一位约 20 多岁，像主人，另一位 40 多岁，像仆人，两个人吃完饭没钱付账，韩掌柜看那年轻人气宇不凡，不像诓吃之人，便笑笑说：“没关系，您二位什么时候方便带来就行了。”第二天，宫里一个小太监把钱送来，人们才恍然知道昨天那个年轻人正是光绪皇帝。韩掌柜立即将皇帝坐过的凳子用黄绸子包好，当作“宝座”供奉起来，不许别人再坐。皇帝在南恒顺吃过饭一事很快在京城传开，南恒顺声名大震，人们便把南恒顺称作“一条龙”，生意也更加兴旺。由于当时称“龙”是有罪的，因此店铺门前依然挂着“南恒顺”牌匾，但人们却一直喜欢称其为“一条龙”。辛亥革命推翻了清王朝的统治，1921 年 8 月店铺正式挂出了“壹条龙”的牌匾，这块匾现仍挂在二楼营业厅内。后被人们称为“一条龙”羊肉馆。1921 年挂匾“壹条龙羊肉馆”。1956 年公私合营后，正式挂匾“壹条龙饭庄”。

当年光绪帝用过的“宝锅”

中华人民共和国成立后，曾经更名为“回民饭馆”，20 世纪 80 年代恢复老字号，以涮羊肉、清真炒菜为主要特色。1988 年饭庄按伊斯兰风格进行扩建；2004 年 12 月饭庄重新进行店内装饰，突出清代庭院风格。现为三层楼房，一楼经营正宗北京涮

“壹条龙”匾额

肉，二楼经营清真炒菜，三楼设雅间，承包宴席。2002 年集团以壹条龙品牌为核心，组建了北京壹条龙清真餐饮有限公司，致力于清真餐饮市场，发挥百年老号的品牌优势，坚持从经营、管理和技术上不断创新，并通过发展连锁模式不断扩大经营规模，弘扬清真餐饮文化，传承品牌。

南恒顺的招牌菜有正宗北京涮肉。主要有四大特点：选料精，采用内蒙古草原当年羊，肉质细嫩，下锅即熟，久涮不老；加工细，肉切好后按黄瓜条、上脑、磨裆、小三叉、大三叉等不同部位装盘，顾客可根据喜好选择；佐料全，传统与创新配方调制而成，香醇味厚，回味无穷；主食美，烧饼层多，外香酥、里松软，各种面食制作精美、可口。清真炒菜主要有芫爆散丹、红烧牛尾、扒肉条、它似蜜、黄焖鸭块等。

此外还有一些带有“顺”字的老字号。如前门外大街路西的南恒顺，是早于东来顺 100 多年开业的清真风味老字号；还有王府井的西德顺，今址在和平里中街 29 号，以经营爆肚等清真小吃而闻名京城。

全聚德

在北京众多风味美食之中，最为著名的是北京烤鸭。北京烤鸭的由来，据传说是源于金陵（今江苏南京）民间的“金陵片皮烤鸭”。朱元璋建立明朝，定都南京后，这一当地美味也进入皇宫，成为御膳菜肴。后来随着明成祖迁都北京，烤鸭这道菜肴也随之北上进京。在北京众多的烤鸭店中，历史最悠久，规模最大，品牌最亮的，就是全聚德烤鸭店和便宜坊烤鸭店这两个百年老字号。北京烤鸭在制作技术上，主要分为两大流派：挂炉烤鸭和焖炉烤鸭。而全聚德是挂炉烤鸭的龙头代表，便宜坊居焖炉烤鸭的魁首之位。两家老店都享誉中外，极具魅力。

全聚德烤鸭店是清朝同治三年（1864 年）由杨寿山创建的。杨寿山，字全仁，河北冀县人。在杨寿山十几岁时，家乡遭灾，难以生活，他只得到北京设法谋生。在向朋友借到一些钱后，杨寿山便在前门外大街的三益海鲜店附近，摆了一个专卖生鸡生鸭的小摊。杨寿山精明能干，精打细算，经过几年的买卖，他手头逐渐有了一些积蓄，就想扩大生意规模。就在这时，肉市胡同内有一家由山西人经营的“德聚全”杂货铺，因生意萧条蚀本而倒闭。杨寿山闻讯后，遂

杨全仁塑像

全聚德匾额

出钱将这家店铺盘了过来。经过一番改造,开了一家“挂炉铺子”。杨寿山将杂货铺原来的字号“德聚全”颠倒过来,改成“全聚德”,既保留了原来字号中“以德聚全,以德取财”之意,又突出了杨寿山字“全仁”中的“全”字,同时还寓含新的字号“以全聚德,财源茂盛”之意。

杨寿山创建“全聚德”后,正式开始经营烤鸭生意。烤鸭是老北京特色风味菜肴,京城制作烤鸭,主要有挂炉和焖炉等方法。当时京城里制作焖炉烤鸭的老便宜坊风头正劲,生意火爆。杨寿山则另择一派,承袭了挂炉烤鸭技术。杨寿山在总结前人经验的基础上,对烘烤技术进行改造,使全聚德制作的挂炉烤鸭,更具自己的特色和风格。

全聚德烤鸭所用的鸭子均选自北京西郊特产的“北京鸭”,又称“北京填鸭”。这种填鸭据《(光绪)顺天府志》记载:“野鸭为凫,家鸭为鹜,本土鸭之肥大,胜于他处。有‘填鸭子’之法,取羽毛处成者,用麦粉和硫黄拌之,张其口而填之。填满其嗉即驱之走,不使之息。一日三次,不数日而肥大矣。”北京鸭长到约3斤重时,开始用人工填喂。仅十几天时间,鸭子体重可以迅速增长到五六斤，即可以上炉了。全聚德有专门的采购员到隆福寺一带的鸭市选购，也有固定的养鸭户送鸭专售。购来的鸭子都暂时在肉市胡同附近的“鸭局子”里喂养，根据店里的需要，可以随时宰杀加工，保证货源充足。由于北京填鸭生长期短，肉细味美，经挂炉烘烤后，皮脆肉嫩，味香可口，肥而不腻，深得京城食客的欢迎和好评。

杨寿山在创业之初，为了创出全聚德的品牌，还特别注意发现人才。全聚德的第一任烤鸭技师孙师傅,就是从其他的餐馆“挖”过来的。这位孙师傅曾在清朝宫廷御膳房当差，主要负责烤鸭、烤猪，后来又先后在宫外东安门大街的金华馆、东海坊掌厨，还兼供应清宫和各王府所定制的烤鸭、烤猪。杨寿山得知这一情况后，一方面与他交朋友，进行情感投资，同时不惜用重金将他聘到全聚德。孙师傅到全聚德以后，对店内原有的炉灶进行了改造，并将自己高超绝伦的宫廷烤鸭技术全盘奉献，烤出一炉炉香酥可口的鸭子，极大地提升了全聚德烤鸭的品位。有了孙师傅的技术和招牌，使刚开张时全无名气的全聚德字号逐渐在京城名号中占据一席之地。

前门全聚德烤鸭店

全聚德的烤

鸭，非常注重烤的质量，即燃料的选择和火候的控制。挂炉烤鸭使用旺火，所用燃料木多选用质地坚硬耐烧的枣木、杏木、桃木等果木。用这类果木烤鸭，因其有底火，便于借文火烘烤，能达到外脆里嫩的效果，鸭肉中还带有果木的香味。鸭子宰杀、去毛后，还要先进行打气、开膛、烫皮、涂糖、晾皮等多道工序，再入炉挂烤。目的是使鸭皮胀绷，无皱纹，烤出的鸭子色泽一致。在烤的时候，则要随时掌握火候，使鸭子通体受热均匀，每个部位都不焦、不生。烤出的鸭子外皮呈红褐色，且通体一色。

鸭子烤好后的“片”鸭子，就是将烤好的鸭子削成片，也是一项很高的技艺。全聚德烤鸭对此也是很重视。片鸭师不仅动作娴熟，速度快，能在五六分钟内，将一只鸭子“片”完，而且对所“片”鸭肉的厚度和形状也有严格的要求。一只鸭子“片”出100~120片，每一片都状如丁香叶，且皮肉相连。鸭片摆在盘中，给人以油亮圆润、红白相间的美感。在全聚德吃烤鸭，佐料、配料都很讲究。片好的烤鸭，蘸上六必居的甜面酱，夹上山东大葱条，用又薄又软又筋道的小荷叶饼卷起来吃，最后再上一道熬成乳白色的鸭架汤，才是一套完整的烤鸭餐。

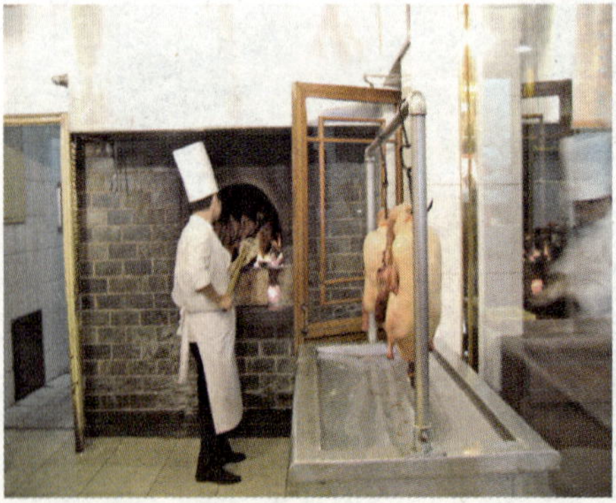
全聚德烤鸭店内炉灶

长期以来，全聚德的烤鸭技术一直是秘不外传的。当初杨寿山高薪聘来孙师傅，其烤鸭手艺就是保密的，因而京城挂炉烤鸭店只有全聚德一家能烤出外脆里嫩的鸭子。到他晚年时，才收了一名徒弟蒲长春。蒲长春也遵循师傅“一线单传”的做法，只将手艺传给徒弟张文藻。张文藻后来又“单传”给田文宽。直到北平解放以后，张文藻、田文宽公开了这种烤鸭的技术，又传带出了许多徒弟。他们还多次出国，向外国朋友展示精湛的烤鸭技术，使烤鸭这种中国特有的美食，为更多的国内外民众所享受。

全聚德不仅以挂炉烤鸭著称，还开发了全部以“北京填鸭”内脏为主要原料的各种菜肴，首创“全鸭菜”“全鸭席”，并成为它的经营特色之一，由此树立了自己独特的品牌。全鸭席与天津

全聚德的跑堂

和平门全聚德烤鸭店

全羊席、上海全鸡席、苏杭全鱼席、广州全蛇席等，都是用同一种主要原料组成宴席，是中国著名的特色宴席。“全鸭席”共有100多种冷、热鸭菜可供选择。鸭子内脏有药用价值，明代就已经用鸭内脏作为宫廷的御膳珍馐。全聚德在加工制作鸭子内脏的菜肴时，很讲究色、香、味、形的特色。如“油爆鸭心卷”，特别注重刀工。要将鸭心片成长约5分的片状，再加入虾肉馅做成卷，入油锅炸成形后，再爆炒。出锅后，色泽金黄，外焦里嫩，微辣鲜香；“飞燕穿星”是以鸭舌制成星形，悬浮于燕窝汤上，清新别致；“鸭茸牡丹”是用鸭茸和银耳制成牡丹花形，再以番茄酱着红，华贵艳丽。其他如“烩鸭腰”“芫爆鸭肠”“油爆鸭心卷”“烩鸭舌”“烩鸭肝”“炸胗肝”和以鸭的舌、掌、胰、腰为原料的“炸鸭四宝”等，均是为人们称道的特色菜。

自杨寿山创建全聚德烤鸭店以后100多年来，其传人不仅有杨家的后代，也有过外姓人出任经理。这些人或是本店内培养出来的有才干者，或是从其他餐馆中“挖”来的能人。只要其为人正直，有才能，全聚德便设法起用，以利于本店的发展。正因如此，全聚德在百年历史中，一直保持着自己的特色、品牌和声誉。

现在，全聚德作为中华美食已受到世界各国人士的普遍赞誉，其经营的规模也不断扩大。除在北京及国内的一些大城市开设有多家分店外，在世界各地的大都市也都设有分号。从而使中华民族的传统美食走出国门，走向世界。

便宜坊

位于崇文门外（原址在宣武门外米市胡同）的便宜坊烤鸭店和前门外鲜鱼口的便宜坊烤鸭店，都是以经营焖炉烤鸭为主的老字号。虽字号相同，经营的烤鸭品牌也相同，但它们却各有不同

便宜坊

来历。

最早的一家便宜坊烤鸭店，又称“老便宜坊”，位于宣武门外米市胡同。始建于明朝永乐十四年（1416 年）（一说始建于清朝乾隆五十年，1785 年）。这家烤鸭店最初只是一个小作坊，无字无号。主要业务是为大饭庄、饭馆进行活鸡、活鸭的宰杀、煺毛等初加工。同时，也兼做焖炉烤鸭和桶子鸡出售。这家小店加工的生鸡、生鸭特别干净，自制的烤鸭、桶子鸡，味道鲜美可口。更为京城人们称道的是，这家小作坊所售无论是加工好的生鸡、生鸭，还是烤鸭、桶子鸡，都比其他的店铺价格便宜，渐渐地京城人遂称这家小作坊为“便宜坊”。便宜坊因此也成为小店的代名称。

清朝光绪初年，便宜坊因为很受附近市民的欢迎，生意渐渐做大。便宜坊的主人病故后，由儿子继任掌柜。新掌柜年轻力壮，精明能干，便宜坊的生意更加兴隆。店内忙不过来的时候，经常请隔壁馒头铺老板的一位山东籍小老乡过来帮帮忙。小伙子名叫孙子久，是到京城来找事做的，当时只有十四五岁。孙子久聪明能干，人也老实

鲜鱼口内便宜坊内景

便宜坊

厚道，新掌柜请他到便宜坊帮忙做一些打杂的事情。孙子久到便宜坊后，整日辛勤劳作，店内店外，无论脏活累活，粗活细活，从不挑剔，干得干净利索。同时他也在日常的干活中，逐渐学会了店内的各种手艺。孙子久的勤快、能干，深得掌柜的喜爱。数年后，掌柜独生儿子突患重症，久治不愈。无计之下，掌柜听信了巫婆之说，认为孩子的病是自己多年杀鸡宰鸭所致，若自此之后不再杀生，孩子的病就能治好。为了独生儿子能痊愈康复，掌柜决定放弃便宜坊的生意，将小店让给孙子久经营。

孙子久接手便宜坊后，继承便宜坊的老传统，特别注重加工鸡鸭的质量，并在原有的基础上，继续扩大经营。孙子久从山东荣成县老家招来四五个十几岁的小伙子入店学徒。这些小学徒特别勤恳，很快便掌握了烤鸭店内的各种手艺。有了新的人手，便宜坊的经营也越做越大，名声也因此日涨。不久手中有了较充裕的积蓄，孙子久又增添了新铺房。到庚子年间，又将原来的小铺改建为楼房。由于便宜坊既在烤鸭的质量上胜人一筹，更在价格上比较低廉，以至于上至王府大户，下至普通百姓，都十分喜爱这家烤鸭店，便宜坊的名称逐渐传遍京城，便宜坊的生意也更加兴旺。

便宜坊的烤鸭采用焖炉烤制。焖炉不同于挂炉，在不见明火的状态下，将鸭子烤熟。传统的焖炉，是一种地炉，炉身用砖砌成，大小约有 1 立方米。烤鸭前，先在炉膛内点火，烧至很高的温度后，就将火灭掉。再将鸭坯放在炉内的铁箅上，关上炉门焖烤。因是靠炉内残存的炭火和炉壁的温度焖烤而成，所以对焖炉加热的火候的掌握很关键。温度过高或过低，都会影响烤鸭的肉质和口感。便宜坊的烤鸭师傅在长期的烤鸭实践中，熟练地掌握了控制火候的技巧,“焖”出来的鸭子由于鸭坯在烤制中受热均匀，使得油脂和水分消耗少，鸭子体态丰满，出肉多。烤成的鸭子外皮油亮酥脆，肉质鲜嫩，肥瘦适当，一咬流油，入口即化，清香而不腻，成为京城一绝。

便宜坊的焖炉烤鸭出名后，也引起京城同业者的羡慕，陆续出现了一些仿冒者。一时间，打着“便宜坊”或“便意坊”等招牌招揽顾客的焖炉烤鸭店，前前后后开了三十几家。清朝光绪末年，为了使自己的品牌能维持下去，位于米市胡同的这家正宗便宜坊,又在自己的字号前,加了一个“老”字,遂有了“老便宜坊”的名称。

清朝咸丰五年（1855 年），有一位姓王的古玩商人出资，在前门外鲜鱼口开了一家烤鸭店，取名“便意坊”。新开张的这家便意坊，不仅经营的焖炉烤鸭和菜肴品种与老便宜坊一样，还以重金把老便宜坊的伙计拉出来，按照老便宜坊的传统技术制作焖炉烤鸭，严把质量关。久而久之，这家烤鸭店也逐渐兴盛起来，

崇文门外的便宜坊

其名声也随之为京城百姓所熟知。更由于鲜鱼口位于商业繁华的前门大栅栏地区，每日来往商旅众多，因此这家后起的“便意坊”的生意,反而较“老便宜坊”更为火爆。民国二十六年(1937年),已经有几百年历史的老便宜坊倒闭。

“文化大革命”期间,鲜鱼口的便意坊一度更名为“新鲁餐厅”,1978年恢复了“便意坊”的老字号。同年，承袭了“老便宜坊”烤鸭技术的新店得以在崇文门外大街重建。

现在，前门外鲜鱼口便意坊烤鸭店和崇文门外大街的老便宜坊烤鸭店，这两家知名的焖炉烤鸭店都统称“便宜坊”，于2002年6月合并为北京便宜坊烤鸭集团有限公司。公司下辖还有北京前门都一处餐饮有限公司、北京壹条龙清真餐饮有限公司、北京

玉蜓桥便宜坊烤鸭店

鑫鹏世纪科技发展有限公司等。其经营的规模也得到扩大，不仅在北京建立了玉蜓桥便宜坊烤鸭店、幸福大街便宜坊烤鸭店等几家分店，并且远涉重洋，将传统的焖炉烤鸭技术传播到美国等国家，使“便宜坊”这块著名的老字号招牌为更多的海内外人士所了解。

便宜坊焖炉烤鸭作为北京两大烤鸭流派之一的代表，凭借百年老店深厚的文化底蕴和极佳的品牌信誉为人所称道。郭沫若、齐白石等名人都为便宜坊留下墨宝。改革开放以来，美国前总统老布什，以及墨西哥、圭亚那、乌拉圭等外国元首及政府首脑都品尝过便宜坊北京烤鸭的美味。

全素斋

在北京为数不多的几家素菜馆中，位于王府井大街北口的全素斋以其菜肴制作精美和独特的宫廷风味而名冠京城。

素菜、素食是中华美食的重要组成部分。它主要来源于寺院斋饭。一些大寺院还设有“香积厨”，专事招待来寺院进香礼佛的施主。由于佛教和道教在中国古代社会中的广泛传播，寺院斋饭对宫廷素食、祭祀斋饭和民间素食都有影响。

清朝道光年间，北京城内出现了专营素菜的餐馆。到光绪年间，素菜馆的数量逐渐增多，规模也不断扩大。其中有一家，是由原来的清宫廷御膳房的素菜御厨刘海泉开设的。

刘海泉是北京人，满族。他从 14 岁时起，便入宫在御膳房做事。清宫朝廷内，各种祭祀活动特别多，每遇祭祀之礼，御膳房就专事皇帝后妃们斋戒期间膳食的“素局”，要为皇帝后妃们制作所需的各种素菜。尤其是光绪朝时，慈禧太后对素食制作要求非常苛刻。御厨们在素菜的烹制上下足了功夫，不论是烹饪技术、原料使用、调料增减，还是菜肴品种、数量、名称，都在不断调整改进，精益求精，使宫廷素菜制作技艺达到很高的水平。

在宫里，刘海泉聪明伶俐，勤学善做，很快就掌握了宫廷素菜的烹调手艺，做得一手好菜。清宫御膳房中，有许多从南方征调来的大厨，他们制作的菜肴多喜欢选用腐竹、冬菇、鲜蘑、玉兰片等原料，味道也多偏甜。这对于慈禧太后来说，就不太习惯，所以很少食用。刘海泉就设法尝试着用北方的原料和调料制作素菜，他精心烹制的素菜色重味浓，咸甜适中。同时，刘海泉还用心琢磨，不断变换菜肴的搭配和制法，增加素菜的品种。在烹调中，每道菜肴都做得色、香、味、形俱全。有一次，刘海泉用果肉、枣泥、山药、蜂蜜、白糖、桂花等原料制成馅，用油皮卷好，先蒸后炸，再蘸蜜渍。盛入盘中后，再点缀青红丝、金糕条，撒上白糖，成为一道色彩艳丽，营养丰富的精美菜肴。慈禧太后非常喜爱，很有兴致地品尝了这道可口的菜肴，还向太监询问菜名，太监回答说："御味卷果。"从此，这道菜便列入了御膳房的"常备菜谱"，并正式称作"御味卷果"。

光绪二十六年（1900年）"庚子之变"，八国联军攻占北京，慈禧太后和光绪皇帝逃往西安，刘海泉也借此离开了御膳房。出宫后，在京城摆个素菜摊，出售自己制作的素菜。两年后，正逢东安市场开业，他抓住时机，在东安市场内租了一块不大的地方，有了自己的摊位，成为东安市场内最早的摊商之一。刘海泉主要经营的是七种"饹馇盒"，还出售"香菇面筋""素火腿""素什锦""独面筋"等素菜。刘海泉制售素菜的同时，还包办整桌素席，称作"四四到底"。即由以甜食、干果为主的"四压桌""四冷荤""四炒菜"，和以鸡、鸭、鱼、肘为主的"四大件"，共16个菜组成"全素席"。由于刘海泉制售的菜肴是正宗的宫廷风味素菜，精致高雅，品种花样繁多，风格独特，深得京城各界好评和喜爱。虽然刘海泉制售的素菜有很好的市场和信誉，名声也大了，但小摊却没有自己的字号，京城食客便以刘海泉的姓作为店铺的代称，称其为"全素刘"。刘海泉对此称也认可。1936年，刘海泉便请人制作

全素斋

了一块横匾，上面就书写了“全素刘”三个字，即说明餐馆经营的全是素菜，也用“全”字的谐音暗含了他自己名字中的“泉”字。从此，刘海泉正式有了自己的字号。

刘海泉的儿子刘云清很早就随其父摆摊，能包办整桌全素席。不仅继承了其父制作全套宫廷素菜的技艺，而且还在不断创新调整和增补新的菜肴。在他经营“全素刘”店期间，刘家的素菜品种已达到 240 多种。到第三代传人刘文治时，手艺更精，菜肴品种继续翻新。

全素斋的菜肴以“素”为特点，除了不用鸡、鸭、鱼、肉等动物原料，葱、蒜等“荤”菜也不入菜。主要菜品有：素火腿、素肘子、素酱肉、素鱼、素鸡、素鸭、香菇面筋、素什锦等，还有一些名荤实素，素料荤味的菜，如红烧牛肉、红烧肘子、四喜丸子、焦熘肉片、鸡骨酥、小松肉、腊肠、火腿等。其特点，第一，虽然多冠以鸡、鸭、鱼、肉、虾、蟹之名，但实际都是用豆制品、面筋、花生米等原料，配以香菇、木耳、玉兰片、胡萝卜、豌豆等精制而成。造型逼真，味道各异，其色、形足能以假乱真，仿佛是一盘精美的艺术品，给人以美感和食欲。第二，咸甜适中，南北咸适，老少皆宜。因此，全素斋受到社会各界喜爱。

中华人民共和国成立后，“全素刘”的生意更是兴旺。1953年，在更换营业执照时，更名为“全素斋”，并迁址到王府井北口。全素斋制售的素菜不仅深受普通民众的欢迎，还成为国宴的佳肴。20世纪五六十年代，国家领导人在北京饭店、人民大会堂等处宴请外国首脑时，经常请刘家第三代传人掌厨，颇得外宾的好评。进入20世纪80年代以后，全素斋继续开拓、发展。除原有的品种外，又推出全珍御膳、山珍考麸、水仙莲子、焖五宝、虎皮肉等新品种。

经过刘家几代人的努力，现在，位于王府井大街的全素斋在京城内外已享有很高的声誉。1988年，在北京市食品工业协会、《中国消费者报》和中央电视台联合举办的“北京食品老字号消费者评议”活动中，全素斋与另外20家老字号一同被评为“北京市优秀食品老字号”。

月盛斋

月盛斋是以制售酱牛羊肉而闻名京城的老店，位于前门外大街正阳门西南侧。从乾隆四十年（1775 年）开业，至今已有 230 年了。

月盛斋的创始人是回民马庆瑞，家住北京南城回民聚居的牛街。清朝乾隆年间，马庆瑞十七八岁时，经人介绍到礼部充任临时差役。每当礼部举行祭祀典礼的时候，他就应差去照看祭品桌。祭礼结束之后，撤下的大量祭品，除了官员们分食之外，差役们也能分享。一次，马庆瑞领得一只全羊，家里人吃不完，他就把余下的羊肉挑到街上卖了钱。从此以后，他把每次领到的祭肉都挑到市场上售卖。时间长了，马庆瑞索性花钱从礼部管事的差役那里廉价收购祭肉，在正阳门（前门）附近的荷包巷摆摊出售。

清朝礼部主持的祭祀典礼频繁，由皇帝、太子、文武官员分别主持祭祀天、地、日、月、社稷、太庙、列位先祖、历代帝王、太岁、神农、孔子等等名目繁多的各种祭礼。虽然场面豪华、牺牲无数，但毕竟不是每天都有。单靠卖祭肉赚不了多少钱，马庆瑞决定自制牛

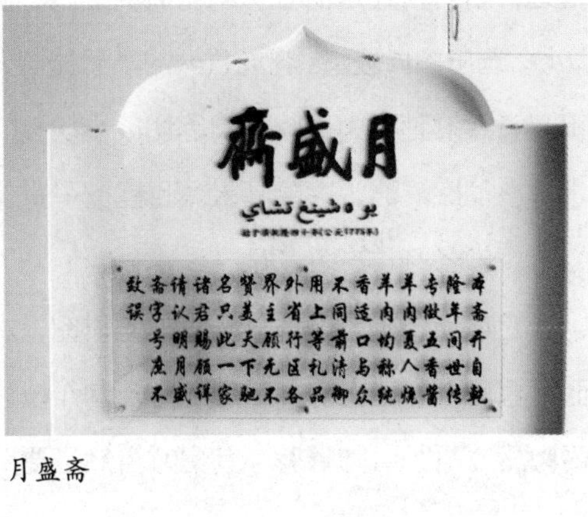

月盛斋

羊肉出售。马庆瑞在礼部应差的时候，曾经进宫到御膳房帮厨烧火、洗涮、打下手。干活之余，有心与一位善做酱羊肉的御厨相交，注意观察他的每个操作过程，学到了制作酱肉的手艺。于是他在家支起一口大锅，做了一些酱羊肉拿到荷包巷的摊上试探着卖。马庆瑞做的酱羊肉味道香浓独特，他的许多朋友熟人和以前的老客户，都以为马庆瑞的酱羊肉是用御膳房独特技艺制作出来的，争相前来品尝。附近清廷户部和礼部官员，就经常买他的酱肉食品，并且赞美不绝，更令许多人慕名而来购买，小摊上的酱羊肉生意日渐兴旺。

几年之后的乾隆四十年（1775 年），马庆瑞积累了一些资金，在天安门广场东侧户部街衙门（现国家博物馆）旁租赁了三间平房，正式开张了自己的羊肉铺“月盛斋马家老铺”。“月盛斋”意为“斋月里开张,月月兴盛”,亦为“生意像穆斯林斋月一样兴盛”。

月盛斋制作的酱羊肉，选料严格，配方独特，香浓味美。月盛斋一直选用西口健壮肥美的大绵羊，先精心饲养在月盛斋后院备选，用时要经过精心切割和清洗处理、摘除忌食部位，再分区切块，选出肉质较嫩、容易煮熟的羊后腿切大块煮，而把肉质较老，不易煮熟的腱子肉、脖子肉等切成小块煮。入锅之前，还须用活水再次彻底清洁，去除腥臊。月盛斋一直保留着世代相传，被誉为“百年老刀”的切肉刀。

月盛斋酱肉的配方也一直非常讲究，由马庆瑞独自研制，秘而不宣。因为皇宫内御膳房配方及制作技艺都秘不外传，月盛斋酱肉又“源”自御膳房，其配方自然是要严格保密，这也为月盛斋酱肉披上了一层神秘色彩。虽然如此，月盛斋酱肉的配方也不是一成不变。在天安门广场东南角的清宫太医院，与月盛斋仅一墙之隔，太医们经常光顾月盛斋。药食同源，太医们也品食寻源，研究起月盛斋的“秘方”。嘉庆年间（1796—1820 年），在马庆瑞的后代马永祥、马永富掌管时期，清宫太医帮助月盛斋调整了传统的佐料和配方，加入了丁香、桂皮、砂仁、大料等香料和中药为佐料，配以黄酱等调味。月盛斋用这个配方制作的酱牛羊肉，肥而不腻，瘦而不柴，不腥不膻，营养保健，具有理气、开胃、健脾的功效，味道独特，味道也更加香浓醇美，令人食欲大开。这一配方沿用了近 200 年，被称为“百年配方”。

月盛斋煮肉的汤，也是老汤。每次制作酱羊肉后，都要留下

月盛斋外景

一部分浓汤汁，待下一次煮肉时兑进，始终保持着浓郁淳厚的味道。其独特的香醇美味，随着肉汁浓汤延续了近百年，被誉为“百年老汤”。直到今日，月盛斋还珍藏着清宫御赐存放老汤的青花瓷缸。

月盛斋制作的酱牛羊肉名气越来越大，道光年间的《都门杂咏》对月盛斋赞誉道：“喂羊肥嫩数京中，酱用清汤色煮红。日午烧来焦且烂，喜无膻味腻喉咙。”清《道咸以来朝野杂记》介绍月盛斋：“正阳门内户部街路东月盛斋，所制五香酱羊肉为北平第一，外埠所销甚广，价之昂亦无比。所称一斤者，不过十两（当时一斤为十六两），装以铁匣，其精致也，与罐头、金华腿等。”

不仅清廷权贵、上层人士，以及附近官府衙门里的高官小吏是月盛斋的常客，宫里也经常派人出来购买。自从有位户部的官员向慈禧太后进献了月盛斋的五香酱羊肉之后，慈禧太后就喜欢上了这一口。经常派人出来传话，叫店里把酱肉送进宫，甚至还派大太监李莲英专门到月盛斋买肉带进宫里。有几次慈禧太后想吃月盛斋的酱肉，待派人出宫去买，月盛斋已经货罄门闭。后来，为了保证慈禧太后能随时吃上酱羊肉，光绪十三年（1887 年），慈禧“恩准”，由清宫内务府特意发给月盛斋四道腰牌一块，月盛斋的伙计可以凭此牌随时奉召把特制的酱羊肉送进宫，供慈禧太后和皇帝、皇后、嫔妃们享用。慈禧太后还常给月盛斋送赏钱。月盛斋就此成了供奉皇室的御用商号。由于马家老号的五香酱羊肉受到太后喜爱，月盛斋更是名满天下。清代《京城坊巷志稿》对月盛斋的酱羊肉有专门记载：“户部门口羊肉肆，五香酱羊肉名天下。”京城内外慕名来此品尝购买牛羊肉的顾客更多了。

月盛斋酱肉美味飘香也是出了名的。著名京剧表演艺术家王金璐，在中华戏曲专科学校学习时，经常往返于学校和前门外的中和剧场，月盛斋是必经之路。王金璐和一些同学都馋这里的牛羊肉，但又嫌贵买不起，每次乘车经过月盛斋的时候，阵阵肉香味扑鼻而来。后来他们想出了“闻香就饭”的办法,路过月盛斋时，就掏出特意带来的馒头，闻着肉香吃下去，也算过了吃月盛斋酱羊肉的瘾。

光绪二十六年（1900 年）庚子之变，八国联军攻入北京，日本军队占领清朝廷户部衙署，抢走白银 300 万两后，放火烧毁了户部。月盛斋因处户部街，与户部相邻，被迫迁到广安门内果子巷,“百年老汤”也被倒掉。光绪二十七年（1901 年）签订《辛丑条约》后，八国联军撤出北京，月盛斋才迁回户部街旧址重新开张。

中华人民共和国成立后，实行了公私合营。1950 年，因北京市人民政府扩建天安门广场，月盛斋从原户部街迁址到前门外大街五牌楼西侧的原永增和银号旧址。由一批原来的老师傅指导，月盛斋保持了传统风味。末代皇帝溥仪的胞弟溥杰先生为月盛斋留下了“天厨佳肴，四海口碑”的墨宝。

“文化大革命”期间，月盛斋一度更名为“北京市酱牛羊肉商店”“京味香酱牛羊肉门市部”,生产大众化清真食品。1979 年，重新恢复“月盛斋”老字号，恢复了月盛斋酱牛羊肉的传统风味，并在北京永定门外南顶路建起了 1200 平方米的酱牛羊肉生产加工厂。月盛斋陆续开发出白煮羊头、烧牛肉、炸牛肉卷、炸松肉、炸卷果、牛肉松、五香酱鸡等一批新产品。

如今“北京月盛斋清真食品有限公司”承载百年老店传统清真美食的色香与美味，跨入新世纪。

稻香村　桂香村　稻香春

稻香村、桂香村、稻香春是北京著名的老字号南味食品店。无论稻香、桂香都令人不由己地想到秋熟季节，稻米成熟，桂花飘香时候的各种江南美食小吃。香村、香春的谐音押韵，又让人觉得它们之间若有若无的亲缘关系。

稻香村

清朝末年，南京人郭宝生在家乡创办了一家“稻香村食品店”。不久，又迁到北京，店址在前门外观音寺街。这是北京最早的南味食品店之一，距今已有 100 多年历史。当时在我国南北方各地，许多经营南味食品的店铺都乐意自称“稻香村”，北京就有好几家。这个字号的来历，民间有一段传说故事：相传在几百年前，江浙一带有一家卖肉食的小店，一天来了位讨饭的瘸腿男人，店老板见他残疾，心生怜悯，不但给他饭吃，还让他在店里留宿，铺上稻草让他休息。第二天，来客飘然而去。店老板把他铺过的稻草拿去烧火，却发现煮出来的肉味道特别好。后来才知道原来这是“八仙”之一的铁拐李下凡，给他送仙草来了。店老板遂给小店更名为“稻香村”，从此生意兴隆。

大约在清末民初的1911年前后，观音寺街上的稻香村被安徽人汪荣清买下来，接手经营。稻香村地处北京最为繁华的前门外商业区，大栅栏，鲜鱼口，打磨厂，廊房头条、二条、三条，珠宝市街，观音街，煤市街等商业街纵横交错，店铺商号林立，戏院、酒楼、茶馆、妓院密集。各地商贾云涌，客流量非常大。从京城内外前来购物的、听戏的、品茶的、吃饭的、寻欢作乐的人川流不息。加上民国以后，大量南方人随着北洋政府北迁而来到北京，吃不惯北京传统的北方饽饽，因而他们对稻香村的南味食品非常喜爱。民国初年，鲁迅在前门外绍兴会馆居住的时候，就是稻香村的常客。

这一时期，稻香村的生意十分兴隆，发展很快。汪荣清接连开设了两个新店：在稻香村附近另开了一个“桂香村”，又在西单开了一个“桂香村分号”。之所以取“桂香村”为字号，还有

稻香村

一段神奇的传说。据说有一次汪荣清从一个盛桂花的坛子里发现了十枚金戒指，他就用这意外的“桂花财”作资金，同时吸收了十名股东投资，择定桂花盛开的中秋节，开张新店“桂香村”。

民国五年（1916年），股东之一的江苏常州人朱有清不愿再与汪荣清合股经营，出资千元买下了桂香村的产权，开始独资经营桂香村，后来在西单白庙胡同口，建起一座三间门面的二层小楼。桂香村成为西单一带有影响的南味食品店。

与此同时，在东安市场内卖南味肉饺起家的江苏丹徒县人张森隆（又名春山），长期为桂香村代销食品，此时也不再甘心只做他人代销。这一年，他招募了店员，还特意从苏州、上海请来师傅，在东安市场北门正式开张了一家南方风味食品店，门面、进深各五间。其食品店字号“稻香春”，其中“稻香”二字意在以经营南方风味食品为特色；“春”与“村”字谐音又押韵，还能与其他南味食品店有所区别；春字又是张森隆的别号中的一字，表明是他春山所开。

前门外观音寺街的“稻香村”、西单白庙胡同口的“桂香村”、

稻香村

东安市场的“稻香春”,形成了京城南味食品店“三足鼎立”的局面。据说稻香村的汪荣清经理、桂香村的朱有清经理、稻香春的张森隆经理三人为同道好友，或同乡，或师生，或曾在困境中得到对方帮助。因此三家为了维持友好关系，实现有序竞争，曾订立了一个“君子协定”。共同商定三家分别在自己所在的南城、西城、东城经营和发展，汪、朱两家不在东、北城开买卖；张家也不去南城、西城开店铺。此后三家果然信守承诺，互不干扰，这也成为北京商业史上一段佳话。

稻香村在朱有清退股之后伤了元气，经营上也始终没有大的突破，渐行渐弱。到民国十四年（1925 年），终致闭门歇业。直到 60 年以后的 1984 年 1 月，稻香村才又恢复了老字号，并以前店后厂的经营方式，请回老职工传授技艺，恢复老产品，如糕点、月饼、元宵、粽子、酱牛肉、熏鱼、江米酒等十大系列 40 多种食品。其糕点始终保持着咸甜适度，松软清香的原有风味。

这一风格和经营特色，一直被稻香村的后继者所继承，并坚持选料精、做工细、投料足的老传统，受到新老顾客的认可。1984 年，组建了北京稻香村食品集团，2005 年，成立了北京稻香村食品有限责任公司，并在昌平北七家建立了现代化工厂。如今稻香村分店及门市部已经遍布京城。

桂香村

朱有清从民国五年（1916 年）开始经营桂香村后，在西单白庙胡同口建了一座三间门面，面积达 200 平方米的两层小楼，亮起了“桂香村南味食品店”的招牌。“桂香村”三字牌匾悬挂在店铺门脸正中。桂香村采取前店后厂，自产自销的方式，制作各式南味糕点、糖果、火腿、腊肉、香肠、蜜饯、烟酒、米粉干等。朱有清自小就在苏州、扬州等地学得一手制作南味糕点的好手艺，他特意从南方雇了技术工人、店员十几人，并在北京招学徒，不断扩大生产规模。

桂香村食品种类多，制作精。朱有清对每个品种都精心调制配方，选用上好原料精工细作，讲求色、香、味、形俱佳，保持地道的苏杭美食风味特色。如牛舌饼，皮酥层多，馅绵软松散，甜咸适度，椒盐葱香的味道令人回味无穷；又酥又脆的小桃酥，面细油多，若用开水冲搅即可成为一碗油炒面；不足寸高的南豆糕，以油和面，口感酥软，一斤能制作出 36 块，块虽小却内中有馅，每块豆糕面上还别出心裁地印上“桂香村南豆糕请品尝”的字样，十分精致小巧，好吃好看又好玩。

桂香村制作的食品，在原料、配方、工艺，以及外形上也并不都是一成不变的。如南豆糕原来一斤制作 22 块，后来经过观察研究发现，食客特别偏爱这种小巧玲珑的袖珍点心，既可以解馋，还可以欣赏把玩，也特别适合老人和孩子零食，因此就改为一斤 36 块了；桂香村的排叉不仅又香又脆，还根据北京市场情况，加进了黑芝麻，嚼起来余香绕口，在口感和观感上都体现了桂香村产品的与众不同。

桂香村自制和仿制南方各省的肉食品也别具风味。如江苏风干鸡、南京板鸭、无锡排骨、苏式猪油年糕、苏式粽子和广式粽子、广东香肠、福建肉松、湖南腊肉等，许多都是现做现卖，常常是刚出锅的肉食品，热气腾腾的就已经被等候的顾客买走了。当年店里“桂香村”牌匾两旁最显著的位置，各有一块窄幅牌匾，用来推荐介绍店内的食品。但牌上宣传介绍的食品，既不是著名的糕点糖果，也不是高档的山珍海味，而是“味珍鸡跖”和“香清豚蹄”。桂香村把鸡爪子和猪蹄子粗料细作，香清味珍，隆重向顾客推出，店内其他肉食品的精美就更不在话下了。

桂香村在经营管理上也有自己的特色。第一，注意品牌形象，店堂内始终整洁明亮，食品陈列、包装有序；以销定产，产品丰富，供货充足，并保持新鲜。第二，重视产品推介宣传。逢年过节，都在店门前扎起彩牌楼营造气氛，在显著位置介绍本店供应的重点产品；每推出新品时，也在门前立牌宣传介绍。春节前半个月开始，就在店内开辟节日食品专柜，把过节所需各种食品集中陈列，便于顾客选购。第三，在销售服务上，延长营业时间，扩大销售渠道。桂香村坚持每天安排少量店员营业到晚间十一二点，待附近戏园散戏之后才闭门停业。桂香村还接受顾客电话订货，对大客户可以送货上门；柜台内外安排专人待客，向客人介绍产品，要求热情、周到、礼貌。这些都是桂香村赢得百年声誉的重要保证。

民国二十五年（1936 年）朱有清病故,其子朱世杰继续经营。民国三十年（1941 年），外姓人雷绍瑜、张光蕴把桂香村从朱世杰手里租了过来。又集资 15000 元，扩大营业规模，店员也从原来的 10 余人增加到 30 余人。桂香村经营扩大后，仍继续保持原有风味特色，自制和采购各种食品 500 余种。

稻香春

稻香春的糕点以苏式风味为主，兼营广州风味及西式糕点。民国二年（1913 年）初，创始人张森隆，又名春山。刚来北京时，在东安市场东庆楼内摆摊卖苏式点心“眉毛饺子”。因其料精工细，皮薄肉鲜，用炉火烤得三面略焦，香酥适口，很受食客喜爱，一路旺销。张森隆借势增加了为桂香村代销食品的业务，售卖香肠、腊肠、南方糕点等，买卖越做越大。于是他为自己的买卖取了个字号，叫“森春阳”，既与南方著名老字号“甡（shēn）春阳”谐音，又取了自己“森隆”“春山”名字中的各一字。

张森隆善于经营和设计，头脑灵活，很快认准自己的发展方向。他进一步扩大了南味食品的经营范围，聘请南方技师把关，确保产品质量和传统风味。同时又找机会适时兼并东安市场内的同行业商号，租到东安市场北门临近吉祥戏院的旺铺门面房，终于在 1916 年开张了“稻香春”南味食品店。

在张森隆的悉心经营和管理下，稻香春一开张就迎来了满堂彩。顾客盈门，买卖兴隆，利润直线上升。人称张森隆的“三多”“五有”是他商业成功的原因。

“三多”，即同乡多、拜把兄弟多、联络关系多，充分发挥人力资源的优势。店中有技术、信得过的师傅、伙计皆来自张森隆同乡；店外他广泛结交商界名流、知名企业老板、财东；与警界、地头蛇等权势人物结成拜把兄弟。张森隆因此从中获得支持和保护，建立广泛的良好的社会联系。后来，张森隆被推选为东安市场联合会会长、市商会理事、商事公断处处长，更加扩大了稻香春的社会知名度。

“五有”，即有眼光、有财源、有用人之术、有技术、有经营特点。张森隆认为东安市场、王府井、东交民巷等地顾客群的购买能力比较强，东城、北城一带王府贵宅、豪门官宦之家比较多，而这一带原来有名的正明斋、聚庆斋、宝兰斋等饽饽铺，产品陈旧，品种又少。经过市场调查和研究，审时度势，确定采取有针对性的措施，全面推出多个品种的精品南味食品。张森隆精于用各种方法从不同渠道广泛筹集资金，借鸡生蛋，扩大生产规模。由于张森隆是南味食品制作的行家，他制定了一套严格的技术操作规程，保证产品质量。坚持任人唯贤，唯才是举，使稻香春始终健康发展。坚持独特的经营特点，重视传统的“三节”销售。稻香春每年为春节、端午节、中秋节期间特备的节日食品，都早作部署，提前备料，品种尤为丰富，质量特别高。稻香春还按照四季不同的特点，变换不同的品种，不断推出名师特制的名品，以迎合不同时期南北客人的需求。稻香春不仅利用东安市场北侧的大玻璃橱窗宣传市场产品，还在店门口挂出广告牌子扩大宣传，对顾客产生持续不断的吸引力。附近东交民巷外国使馆人员和外国

稻香春

侨民比较多，也常来这里购买烟酒食品和圣诞节蛋糕等应节食品，稻香春在橱窗上做起了英文广告。在产品原料上，稻香春不论制作任何产品，始终都坚持选最好的原料。譬如制作蛋糕时，澥了黄的鸡蛋一概不用；在制作工艺上，凡需用小火炉炭火烧烤制作的食品，决不用大炉煤火烤制，以保持稻香春品牌的商誉。除了店内的买卖，稻香春还与当时的北京大学、燕京大学、清华大学、辅仁大学、协和医院、铁路局、邮政局等南方人较多的单位的主事建立起联系，对大客户的买卖送货上门。稻香春还用发售多种面额不等的代金券的办法扩大销售。

民国六年（1917 年），张森隆用自己的名字做字号，在东安市场开了“森隆饭馆”。次年，他又分别在东四牌楼和东四北十一条开设了两个“森春阳食品店分号”，在南小街开了“安乐冷饮食品店”。1920 年，张森隆又把稻香春翻建为三层楼房，一楼为南味食品售货厅，二楼为森隆西餐馆，三楼为森隆中餐馆。同一年，在东安市场西门开设“野荸荠分号”。一时间，张森隆的稻香春集团成为京城名闻遐迩的南味食品经营大店。

在这期间，东安市场先后发生三次火灾。民国八年（1919 年）的大火，市场南部三道街上的商铺全被烧光，损失惨重，稻香春却因临近北河沿，取水充足而被消防队灭了火。民国九年（1920 年）的火灾，从市场中部燃起，消防队及时掐断了火道，稻香春未受损失。民国十年（1921 年）的火灾从市场西门燃起，火势不大被扑灭。三次火灾稻香春都幸免于难，因而有“大火不烧旺铺”，和“稻香春若有神助”之说。

民国三十六年（1947 年），因为社会经济萧条，物价上涨和购买力降低，稻香春濒临破产，稻香春集团也改为分散经营。除稻香春、森隆饭馆和东安市场内的森春阳仍由张森隆直接经营之外，其他分号分别赠给张森隆的兄弟及子孙各自经营，但最终都因为经营不善而先后倒闭了。

北平解放以后，1954 年稻香春实行了公私合营，扩大了生产厂房和库房。1964 年，在北城的和平里开设了分号。1982 年，建起了五层新的生产厂房。

如今的稻香春，仍然保留着以苏州风味为主的南方风味食品特色。

稻香春店面

大顺斋

京城老字号“大顺斋”，位于京东通州新华大街。至今已有360多年的历史，是北京城著名的糕点商号之一。

大顺斋开业于明朝末年，创始人是刘大顺。大约在明朝崇祯十三年（1640年），回民商贩刘大顺，携全家随粮船从南京北上，来到京东通州。见这里水陆交通通达，商旅不绝，商业兴旺，就定居下来，靠做小买卖谋生。他有一手独特的制作南京糖火烧的好手艺，来京后，专门制作和销售糖火烧。每天他都在通州城内挑一副担子，沿街叫卖。他的糖火烧香、甜、酥、软，没过多久，生意便兴旺起来，并且有了一些积蓄。于是，刘大顺在街上开了个清真小铺，有间门面铺房，现做现卖糖火烧。由夫人掌柜，自己则和儿子制作。他为这家糖火烧店起名“大顺斋”，既表明是刘大顺所开之店，又蕴含买卖兴旺、顺顺利利之意。

刘大顺死后，大顺斋由他的儿子继续经营，他把糖火烧的生意越做越大。到清朝乾隆年间，在毗邻通州闹市的回民胡同内，大顺斋买下五间门脸房，其中两间作为店铺，三间为作坊，大顺斋成为一家颇具规模的糕点铺。除了仍然经营糖火烧，又增加了

店堂内吴春鸿题写的“大顺斋南果铺”老匾

其他南味糕点品种。为了扩大影响，大顺斋还特意请京城书法家吴春鸿题写了“大顺斋南果铺”的字号，并镌刻在门楣的青砖上。

光绪二十六年（1900年）“庚子之变”，八国联军入侵北京，沿途一路烧杀抢掠，通州城也遭洗劫。大顺斋虽幸免于难，但因为时局动荡，经营日渐萧条。

民国元年（1912年），通州驻军姜桂题部哗变。大顺斋在兵变中被焚毁。此后，刘家传人尽管很快就重建了店铺，又重新开张营业，可是兵荒马乱的时局，使得大顺斋的经营越来越艰难。在这种困境中，大顺斋勉强维持着营业。到北平解放前夕，大顺斋在长期的惨淡经营中，已经濒临倒闭。

中华人民共和国成立后，大顺斋在和平、安定的环境中，重新焕发青春，并得到了进一步发展。在“文化大革命”中曾经被合并到通县食品厂，直至“文化大革命”结束后。1980年，在北京市政府大力恢复地方特产的政策指导下，重新恢复了“大顺斋”的字号和品牌。不仅在通州新华大街老店旧址上重新建了大顺斋经营门市部，还在通州城郊京杭大运河东岸，建起了占地20多亩，3000平方米的新厂房，添置了许多新的设备，恢复了这个老字号的30多种传统产品。

300多年来，大顺斋能够在各地特色糕点和小吃汇集京城的背景下，以糖火烧作为品牌，闯出自己的一片天地，并得到京城市民的认可和赞誉，就在于刘氏及其传人不断地对自己的品牌进行改进和创新。大顺斋先后共创制出40多种独具特色的清真糕点。当然其中历史最长、最驰名的仍是桂花糖火烧。大顺斋的糖火烧具有酥、绵、香、甜的特点。它用芝麻酱、红糖、精白粉、桂花、香油等作为配料，对原料的选择十分讲究，而且是定点制作和购买。如面粉要用自家精磨的细白粉，香油要用通州本地产的小磨香油,桂花要用江南“张长丰”字号的,红糖选用台湾产的“惠盆”头、二层糖或广西梧州产的“娄赤”糖，麻酱则用精选的白芝麻细研而成。制作时，先将红糖搓碎、过筛，再将两层死面和一层发面相叠压，擀薄后将麻酱、红糖、桂花、香油调成黏稠状，抹在擀好的面上；然后卷起，拽长、挤剂、团剂、成形，再放入铁铛中用文火先“抢脸”一二分钟，随后起锅码盘，烘烤 15 分钟。用这种方法制作的糖火烧，放入瓮中，冬天可存放两三个月，春秋天可存放一个月左右，即使是夏天也可保存两三个星期。

现在，大顺斋的糕点在继承传统产品的同时，仍在不断创新。大顺斋“桂花糖火烧”的品牌也已名扬海内外，受到越来越多的中外顾客的喜爱和欢迎。

大顺斋产品

王致和

“闻着臭，吃着香”的王致和臭豆腐，上登宫廷御膳，下入百姓厨房，香遍京城已逾300年。它的发明人是清初安徽举人王致和。

康熙八年（1669年），安徽仙源县举人王致和辞别家乡第一次赴京赶考。他是公车来京参加由礼部举行的三年一次的科举会试。金榜题名是每一个读书人的梦想，可惜他名落孙山。落了榜的王致和面临两个选择：一是回乡复读，待三年后下科再来；二是留京备考，但是需要自谋生路。好面子的王致和，自感落第回乡无颜面对亲人，于是决定留下来，在京师等待下科再试。王致和投宿在前门外延寿寺街羊肉胡同的安徽会馆。为了解决生计问题，他购置了一台手推式小石磨，每天磨几斤豆子，做成豆腐沿街售卖。但他的主要心思仍在参加科举考试。一日，时值盛夏，他做好了豆腐，却赶上连日多雨。卖不出去的豆腐丢了可惜，只好把豆腐先腌了，装进一个小坛子，再封好口。王致和也就此封磨读书以待秋凉，把那坛子腌豆腐也忘到了脑后。直到天气渐凉，他才忽然想起那坛子腌豆腐。当他打开坛子，一股臭气扑面而来，再看豆腐已成青绿色。臭豆腐丢了也可惜，他挑起一点尝尝。出乎他意料的是，这豆腐虽臭，但味道却有一股别样的鲜美。他把这坛臭豆腐分送给会馆里的同乡和他的老顾客们品尝，大家一致赞美，还让他再做些出售。这可是有心栽花花不开，无心插柳柳成荫。王致和从此研究和改进了臭豆腐的配料和制作工艺，并且正式售卖起了臭豆腐。

光阴如梭。一个三年过去了，又一个三年过去了，王致和又参加了几次科举考试。但他科场运气不佳，屡试不中，次次落榜，而他的臭豆腐生意却越做越兴隆。康熙十七年（1678 年），他终于绝意科场，正式在北京操起了豆腐营生。他从安徽会馆搬出来，在延寿寺路西租了几间房，从老家聘来几名伙计，亮出了“王致和南酱园”的招牌，以前店后厂的形式自产自销臭豆腐。此外还经营酱豆腐、豆腐干、黄酱、酱菜等几个品种。

王致和南酱园的创始人虽然科场不得意，但他创制的臭豆腐却常常被科场得意的人所赞美。南酱园店门上悬挂的两块醒目的牌匾“王致和”和“南酱园”，就分别出自两位科举状元孙家鼐、鲁琪光之手。孙家鼐是咸丰朝的状元，也是王致和的安徽同乡。他不仅为王致和题了门匾，还为王致和南酱园写过两副对联，分别是“致君美味传千里，和我天机养寸心”；“酱配龙蟠调芍药，园开鸡跖钟芙蓉”。四句联起来就是一首藏头诗，首字横读为“致和酱园”。只可惜写有这两副状元门联的四块木质牌板，在“文化大革命”中遗失了。

王致和

王致和南酱园 300 年来也曾数易

主人。到清末光绪年间时，王致和及其后代早已经无迹可觅了，随他而来的安徽人也逐渐退出。一位河北玉田县的官员买下这号老店后，直到北平解放时，都是由玉田人经营。

清末咸丰时期起，王致和臭豆腐“臭”名远扬，飘进了皇宫大内。据说连慈禧太后也喜欢这一口，赐名“青方”。每到秋末冬初，御膳房食谱上照例有一道用花椒油淋过的臭豆腐，成为慈禧太后的一道日常小菜。御膳房随时都会派太监出正阳门，直奔南酱园购买新鲜的臭豆腐。有时候太监去晚了，或赶上酱园关门停业，抑或有时候太监犯懒没去买，就用御膳房剩下的臭豆腐凑数。结果竟被多疑的慈禧太后发现，严厉处罚了主管太监。为了臭豆腐此等小事惹得慈禧老佛爷不开心，这可就不是小事。王致和南酱园为了能随时保证“大内上用”,又开设了夜间售卖。当然，大内出来夜购毕竟很少，却由此方便了京城百姓，也增加了酱园

王致和腐乳厂

新的销售形式。夜晚售卖成了王致和南酱园的销售特色之一。

王致和臭豆腐是精选上好的豆子，用细密的豆包布过滤豆浆，制成品质细腻的豆腐。由于质量要求高，所以出货量相对比较少。经过严格控时控温的发酵，一般是 48 小时之后，加入佐料，封缸腌制约一个月才能做成。王致和臭豆腐在开坛出售前，往往还要再存放半年以上，这样味道更加鲜美。

王致和臭豆腐细腻松软、味道香浓，闻着臭，吃着香，物美价廉，居然还能跻身于宫廷御膳之列，可谓贵贱咸宜，自然是“臭名”鼎鼎，身价倍增。京城食家尤认王致和南酱园，非王致和不吃，老北京胡同里流动串巷的小贩也叫卖不绝。在京城串街走巷叫卖大军中，曾经有过一位清朝的王爷，他是清宗室端王载漪的儿子溥儁，曾被慈禧太后册立为大阿哥，以接替光绪帝，后被废。清室退位后，穷困潦倒的溥儁曾在地安门、鼓楼一带高声叫卖：“臭豆腐、酱豆腐、卤虾小菜酱黄瓜，买臭豆腐饶香油！我这是前门外延寿寺路西，门牌二十三号真正老王致和的臭豆腐！”

王致和南酱园的产品非常畅销，产品也从原来以门市零售为主，发展到以批发为主。除供应京城，还远销到河北、东北、内蒙古等地区。

王致和南酱园在清末民国初期的时候达到鼎盛。随着买卖越做越兴隆，利润越来越丰厚，名声越来越大，京城陆续出现了十几家酱园与之明争暗斗。如前门外延寿寺街南口王致和的邻居开了个王芝和、兴隆街有个致中和、广安门内的同致和、菜市口的一家汪致和，此外还有王政和、天瑞和等，多取自王致和字号中的一两个字或取其谐音命名，一来表示与王致和南酱园有渊源，经营者大多数都是河北玉田县人；二来表示与王致和南酱园的产品风味、品质一致，以借名牌乘凉；三来以假乱真，混淆真假。其中的王芝和竟然明目张胆地把店开在了王致和南酱园所在的同一条街上，甚至连店面装饰、店堂布置、商标都做得与王致和毫无二致：同在延寿寺街开店，也是前店后厂形式，店内同样的L形柜台，就连王致和商品的“金狮”商标也照用不误。

北平解放以后，制作经营臭豆腐的王致和、王政和、王芝和、致中和等几家合并为北京腐乳厂，迁址到海淀区田村，产品除臭豆腐、酱豆腐等腐乳，另有门丁腐乳、桂花腐乳等十多个品种。

今天，“北京王致和食品集团有限公司”是一家以生产酿造调味品为主业的科工贸一体化、跨行业经营的集团公司，拥有王致和食品厂、金狮酿造厂、龙门醋厂等7个生产厂，以及北京龙门和田宽食品有限公司等4家合资企业和1个酿造研究所。生产和销售酱油、食醋、腐乳、酱、酱油粉、酱油膏、咖喱卤、清酒、料酒及其他复合调料等几大类百余种产品，拥有“王致和”“金狮”“龙

王致和塑像

门”“老虎”“宽”牌五大著名品牌。除创制于清康熙八年（1669 年）的王致和腐乳之外，还有创制于清嘉庆二十五年（1820 年）的龙门牌米醋，以及创制于民国二十七年（1938 年）的金狮牌酱油，创制于民国二十八年（1939 年）的老虎牌酱油等历史悠久的产品。现年产腐乳 4 亿块、酱油 6 万吨、食醋 3 万吨、酱 1 万吨、固体酱油 3000 吨。腐乳在北京市场占有率为 90%，是北京市最大的生产经营酿造调味品的专业化公司。产品畅销全国各地，远销欧美、东南亚等各国，深受全球华人的喜爱。“酿人间美味，造百姓口福”，已成为王致和集团今天的经营宗旨。

六必居

位于前门外大栅栏内粮食店街路西的六必居酱园，是京城历史最悠久的著名老字号之一，至今已有 470 多年的历史。店堂内悬挂的“六必居”金字黑漆大匾额，据传说是出自明代权臣严嵩之手，虽历数百年风雨，经无数次磨难仍完整地保存下来。清代留下的木结构门面房透出传统古代建筑风韵，据说其使用的木料，是当年修缮故宫所余，质好料精，历经百年依然保持完好。1994 年，店面重新翻建后，仍保持着古香古色的建筑风格。店堂内飘逸着的酱香，更吸引着往来顾客驻足。

六必居的得名，很为京城人所乐道，但长期以来并没有一个固定的说法，有几个传说流传得比较广泛。

相传明朝嘉靖九年（1530 年），山西临汾杜村赵存仁、赵存义、赵存礼兄弟三人集资到京城开办了一家酒铺，前店后厂，自己酿酒出售。赵家酒铺酿制的酒，要做到“黍稻必齐，曲药必实，湛之必洁，陶瓷必良，火候必得，水泉必香”。就是说酿酒所用的各种粮食原料必须备齐。酒曲下料必须按配方，酒曲浸泡必须保持清洁，酿酒用的陶瓷器皿必须精良，火候必须掌握恰到好处，酿酒之水必须选择上乘香甜泉水。酒铺由此而得名“六必居”。

也有记载说，六必居并不自己酿酒，而是从其他酒店购进烧酒之后，加工成“伏酒”和“蒸酒”再卖。譬如“伏酒”，就是把买来的酒封入老缸之中，经过三伏天，约半年后开缸，醇香扑鼻，度数可以达到 69 度，深得京城顾客欢迎。因为六必居的酒好，不仅引来大量顾客，也使一些慕其名的商人打着六必居的旗号卖他们自家的酒。所以六必居早在数百年前就采取了卖酒“打票”的办法。顾客来六必居买酒时，给顾客一张注明购买时间的小票，证明这是正宗六必居的酒。

对于“六必居”的得名，还有其他一些传说。一是说赵家兄弟的酒铺不只是卖酒，也兼卖柴米油盐等日常生活必需用品，“开门七件事，柴米油盐酱醋茶”，除了不卖茶，七类生活必需品中，经营其中的六大类而得名“六必居”。

另有一种说法，明朝嘉靖年间，有六个寡妇合伙开了一家酒馆，她们想请当朝内阁首辅严嵩为酒馆题字留名，扩大影响。严嵩果然应允书写，因为是六人合办，所以写了“六心居”三个字。落笔后一寻思，觉得“六心”必不能“同心”，于是便在“心”字上添加一撇，成为“六必居”。

前门外六必居店面

“六必居”的匾额与严嵩还有故事。清朝同治十年（1871年）刻印的《增补都门纪略》中记载“六必居，严分宜书”。严分宜就是严嵩。严嵩字惟中，江西分宜人，所以人称严分宜。明朝弘治年间，严嵩科举中进士。嘉靖年间，官至“一人之下，万人之上”的内阁首辅，相当于宰相。他当朝专权近20年，是明朝著名奸相。但严嵩学识渊博，诗文峻洁，且书法造诣很深，相传“西鹤年堂”中药店的匾额也是严嵩留下的墨迹。另有说法是，“西鹤年堂”的匾是严嵩之子严世藩所书。

传说严嵩做官之前是个无名书生，闲居京城时，常来六必居喝酒，是这里的熟客。店掌柜听说严嵩写得一笔好字，就求他为酒铺题个匾，严嵩写就的“六必居”三个字果然结构匀称、笔法遒劲、字体端严，掌柜非常满意。因为当时严嵩身为小人物，所以掌柜也没要求有落款，因此，后来有人以此而质疑这块匾是否为严嵩真迹。另有一个传说稍有不同：六必居酒铺开张后，酒香菜好，服务周到。身为当朝内阁首辅的严嵩也爱喝六必居的酒，严府更是经常派人到六必居买酒。酒铺掌柜想借严嵩的社会地位提高六必居的知名度，以便进一步扩大生意，就托严府的仆人想办法请严嵩为六必居写块匾。男仆去求女仆帮忙，女仆又去求严嵩夫人，夫人知道严嵩以首辅之尊，不会轻易为一小铺题写匾额，就想出了一个办法：每天备好笔墨纸砚，天天在严嵩面前佯装练字，反复书写“六必居”三字。严嵩见夫人写不好，便为她提笔示范。六必居就此得到了严嵩书写的没有落款的题字大匾。

六必居小酒铺自从挂出严嵩题写的大匾之后，身价倍增，远近闻名。前来看匾、购物者络绎不绝。

六必居最初经营酒和柴米油盐酱醋，后来又自产自销高档酱菜，逐渐演变为京城著名的酱菜园。酱菜腌制好坏与酱本身的好坏关系密切，六必居为了保证酱菜制作的品质和其独特的酱香味道，自制黄酱和甜面酱。从酱料的采购、筛选、投料的比例、发酵时间、温度的掌握、搅拌次数的控制等，各个环节都严格按照操作规程。制酱时，先把泡透的料豆蒸熟，再拌上白面，经过石碾的挤压之后，放入模盒之中。再铺上垫布，用脚踩踏 10~15 天，然后用席子封盖苫严，发酵 21 天。酱料发酵好之后放入盐水缸中，每天定时定量打耙、搅拌、放尽浊气，才能最终制出色泽鲜亮、味道醇香的黄酱。严格的操作程序，既保证了酱菜的质量，也使六必居的黄酱、甜面酱成为京城市民喜爱的酱品。

六必居的酱菜制作技艺精湛，酱香浓郁，色泽鲜亮，咸甜适度，脆嫩可口，且品种繁多，品质优良，独具特色。据记载，六必居的甜酱八宝瓜、甜酱八宝菜、甜酱甘露、甜酱黄瓜、甜酱小酱萝卜、甜酱黑菜、甜酱姜芽、甜酱什香菜、甜酱瓜、白糖蒜、稀黄酱、铺淋酱油等 12 种传统特色产品，在清朝被选为宫廷御用食品，六必居因此成为清宫皇室御用商号。清朝宫廷为了让六必居进宫送货方便，特赐予一顶红缨帽和一件黄马褂。六必居把两件御赐衣帽视为品质和身份的象征供在店里。但在“文化大革命”中，这两件衣帽不幸遗失。

六必居酱菜能做到品质精良，色、香、味、口感俱佳，数百年来声誉卓著，是靠严格的质量把关。六必居对酱菜原料来源和质量要求都很高。原料一般都来自固定产地，种植户也往往世代为六必居专种菜蔬。六必居长期高价收购他们的特供优质原料。如制酱用的黄豆，要河北丰润县马驹桥的黄豆，其特点是粒大、个圆、色黄、皮薄，而且油性大；通州永乐店生产的金粒黄豆粒虽小，但也饱满、色黄、油性大。制酱用的面，选用京西涞水县的上等小麦，黏性大，自行加工成精细的伏地面。制甜酱萝卜所用的萝卜，选自广安门外王姓菜农的菜地，他种出的萝卜个头不大，形似蒜头，腌制以后，不糠不艮，又嫩又脆。制甜酱黄瓜所用的黄瓜，要用安定门外前花园出产的秋黄瓜，要求每根长约五寸，匀称条顺，顶花带刺，每斤四至六条。制白糖蒜所用的白蒜，选用长辛店李村李恩家,或赵辛店范祥家种植的“白皮六瓣”大蒜，七至八头一斤，并且要求是夏至前三天起出的蒜，才能保证蒜味浓厚而不发柴。制甜酱甘露所用的甘露，购自白纸坊菜园。莴笋购自广安门外太平桥乡湾子村韩文亮家菜园中的青莴笋，每斤一条。此外，南城外海慧寺的五寸白根小萝卜、通州的宽叶老韭菜、广安门外打小井村的甘螺，都是各有特色的六必居酱园特选原料。

六必居酱菜制作的每道工序都严谨精细，毫不马虎。如制作甜酱瓜，一定要用当天午前采摘并送到店里的老洋瓜。清洁之后，在盐水中浸泡 36 小时，再投入酱料腌浸 48 小时。经过 24~48 小时晾晒、翻个，再用甜面酱腌制。其后几天，每天再对酱瓜打耙七八次，每次打十耙。这样酱制而成的甜酱瓜，香甜脆嫩，老少咸宜。六必居酱菜制作精良、货真价实，虽然价格较高，但销售旺盛，成为人们的馈赠佳品。

清光绪二十六年（1900 年），八国联军攻占北京时，对前门外大栅栏、粮食店街、观音寺街、花市一带疯狂洗劫之后，付之一炬，六必居也未能逃脱厄运。大火中，伙计张夺标把六必居老匾抢救出来，送到崇文门外东晓市的临汾会馆收藏起来，才使六

六必居酱菜

必居老匾得以保存下来。光绪二十七年（1901 年），六必居又在大栅栏原地照原样重修后开业。开业后，首次吸收外姓合资人入股，打破了赵姓独家经营的局面。其中经理霍凌云因为在庚子火灾后，主持重修六必居，重整旗鼓有功，获奖入股。

民国时期，一些名流政要喜爱六必居酱菜，蒋介石、傅作义等都曾经点名要六必居送酱菜到府邸。民国二十四年（1935 年），六必居酱菜参加了在青岛举行的“铁路沿线产品博览会”，并获得优等产品奖。此后，又参加了在日本名古屋举办的博览会。六必居的铺淋酱油、干黄酱、罐头酱菜等，从此走出了国门，酱香远扬，享誉中外。1972 年，日本首相田中角荣到中国访问时，还特别提到这一著名老字号。

中华人民共和国成立后，六必居仍然保持传统风味，并开发和改良出新产品，目前生产甜酱甘露、甜酱八宝瓜、白糖蒜、铺淋酱油等 60 多种产品，年产 250 万千克。随着时代变化，人们膳食结构和口味也发生了变化，一些低糖低盐，爽口解腻的高档酱菜尤其受到人们的喜爱。

“文化大革命”时期，“六必居”曾被当作“四旧”破除，酱园也一度更名“北京宣武区酱菜厂门市部”“红旗酱菜厂门市部”。1985 年，在南苑建成了六必居新厂房，引进现代化生产流水线，开发出罐头包装、软包装等酱菜系列。400 多年的老字号焕发出新的活力。六必居酱菜不仅受到市民喜爱，而且享誉海内外。

天源酱园

“天高地厚千年业，源远流长万载基。酱佐盐梅调鼎鼐，园临长安胜蓬莱。”这是清朝一位科举状元王垿为天源酱园题写的一首藏头诗——“天源酱园”。诗文虽夸张，却表达了对天源酱园的厚爱。天源酱园把这四句藏头诗，分别悬挂在门前面临长安街的四根红漆木柱上作炫耀。酱园门额上的“天源酱园”金字牌匾，则是清朝另一位科举状元陆润庠所写，字体潇洒清秀，至今仍高悬于门楣。

天源酱园是北京著名的老字号京酱园，开业于清朝同治八年（1869 年）。当时在京城开当铺的刘湛轩，以 200 两白银买下了位于西长安街南侧一家有五间门面房的油盐店，聘请了酱菜师傅，办起了前店后厂，自产自销的酱菜园，取号“天源”。

天源酱园制作的酱腌菜，多是以甜面酱为主要酱料，味道微甜，甜咸兼备，清淡适口。不仅适合北方人口味，也受到在京南方人的喜爱，满足了“南甜北咸”各个地区不同人群的不同习惯。天源酱菜以酱香馥郁和鲜、甜、脆、嫩，而很快驰名京城。民国年间出版的《旧都文物略》曾刊载：“北京酱菜，颇为著名甜酱菜，以天源为最佳。”

天源酱菜的美味也列进了清宫御膳谱。相传慈禧太后对天源的“桂花糖熟芥”大为赞美，并令供奉清宫御用。天源也借此把装过这种御用产品的坛子，供在红漆大木架上，并且挂以“上用糖熟芥”五个大字作品牌广告招徕顾客，引得众人纷纷购买品尝

天源酱园店面

和送礼。一些豪门官贵也都成了天源酱园的座上宾。

除桂花糖熟芥，天源的特色酱菜还有甜酱黄瓜、甜酱甘露、甜酱姜芽、白糖蒜、蓑衣萝卜等。

天源制作酱菜对原料要求很高，产地、品种、规格、质量标准等都经过长期严格选择。如甜酱黄瓜所用的黄瓜，只用安定门外的“卢记”秋黄瓜，要求顶花带刺，腰细身匀，每斤4~6条；制白糖蒜所用的大蒜，只用西郊东冉村“大蒜王贵”的，并且要求必须是夏至前三天起出的蒜。

北平解放以后，天源酱园得到政府扶持，在京郊南苑新建了厂房，扩大生产量，在保持传统风味特色的同时，又开发出一批新产品。百年老号天源酱园不仅成为国内知名品牌，产品还远销日本、泰国、加拿大、澳大利亚等国家。

2001年，因建设西单首都时代广场而拆迁至西城区西绒线胡同西口的宣内大街6号。其中天源酱园首层营业面积300多平方米，开业后新增自产纯粮酿造酱油、醋蒜、桂香丝、山野菜等10多个品种。

现在，天源酱园隶属于北京六必居食品有限公司，有500余

天源酱菜

家零售店及 20 多家自营店，遍布北京各处。

链接：北京酱菜园

北京的酱菜园大致有三种类型，按其生产方法不同，分为老酱园、京酱园、南酱园等。

老酱园多为陕西人所开。源于保定酱菜制法，以黄酱为主要酱料，味道较重，酱香浓郁。以六必居为代表，还有中鼎和、西鼎和、北鼎和、长顺公等。

京酱园多用北京地区技师，以甜面酱为主要酱料，味道比较甜。著名的京酱园有：天义顺的前身天义成酱园、天源酱园等。天义顺京酱园是京城著名的清真酱园，创建于清代咸丰年间的老字号，以经营清真酱菜为主，严格选材，操作精细，品种繁多，物美价廉。酱色瓜、酱桃仁、糖熟芥、酱黑菜等都驰名京城，很有特色。开业于清同治八年（1869 年）的天源酱园的酱菜，口味清淡，甜咸适度，味道鲜美，很受南方人的喜爱，因而又有“南菜”之称。

南酱园有苏浙风味特色，口味更甜。清末南北交通畅通，往来比较便利，南方酱菜便直销北京，原有的苏式风味南酱园也越来越少，终被六必居为代表的老酱园和天源酱园为代表的京酱园所代替。

此外,多由山东人所开的山东酱园,也叫山东屋子。有桂馨斋、兰馨斋等。

清末北京城的著名酱园，有前门外的六必居酱园、天章酱园、地安门大街上俗称“大葫芦”的宝瑞酱园、王府井的天义成酱园、东四天源酱园、西四天义酱园、西单天源酱园等七家，如今只有六必居酱园、天源酱园、天义顺、桂馨斋等几家老字号了。

老北京酱菜园

药 店

同仁堂

我国的传统中医药学历史悠久。在漫长的历史演进中，形成了一整套科学、严谨的诊疗理论和方法。自金朝迁都至中都（今北京城西南）之后，元、明、清三朝也都定都北京，因此在这里

同仁堂

集中了包括太医院御药房在内的各种官办以及民间的医疗机构。数百年来，北京不仅成为当时中国北方地区的医疗中心，医疗水平也居于全国之首。宫廷御医和来自全国各地的郎中、游医以及各类药贩云集，因此这里出售各种药物的店铺也很有市场，而且数量不断增加。在北京众多药店中，最著名的首推同仁堂。同仁堂在中国“四大药店”（即北京同仁堂、杭州胡庆余堂、汉口叶开泰、广州陈李济药店）中，亦推其首。

清朝康熙八年（1669 年），同仁堂在北京前门外大栅栏开张。

同仁堂的创办人叫乐尊育，浙江宁波府慈水镇人。乐尊育，原姓岳，明朝末年来到北京。刚开始时，岳尊育以串街行医和兼卖一些药材为主。那时，在前门外大栅栏有一家山西人开的客栈，老板姓乐，与老伴一起经营。客栈主要接待来自四面八方贩卖药材的客商，岳尊育来京后也住在这里。日久天长，他与乐老板相处融洽，互相信任。后来，乐老板夫妇回山西老家探亲，临行将客栈交给岳尊育代为看管，但乐老板此次返乡却再未归来。岳尊育遂成为这家客栈的新主人，他从此更姓为乐，也不再四处行商贩药，改为坐商兼行医。康熙八年（1669 年），乐尊育正式将客栈定名为“同仁堂”。

乐尊育创建同仁堂后，以自己多年行医贩药经验，和通晓中医药知识的优势，潜心经营，很快便在京城崭露头角，小有名气。

乐尊育的后人在继承乐尊育家业的基础上，更凭借着所出售的精良药品，不断扩大销售市场。清朝雍正年间，同仁堂又成为向清宫廷提供生药的商家。其后，又由于同仁堂生产的成药质量上乘，疗效明显，就连皇宫御药房配制成药时，也经常传同仁堂派人入宫负责制作。光绪时候，慈禧太后传下懿旨，命同仁堂直接为宫内制药。不准再从宫外派人入御药房制药，甚至还令清宫内御药房专为皇帝、皇后及妃嫔们配药的用药，也交由同仁堂操办。

同仁堂凭借着与皇宫的特殊关系，不仅名声大震，而且每年有大量官银入账。其上乘的药品质量，又为它赢得良好的信誉。因此，同仁堂的生意益发兴隆，逐渐发展为资金雄厚，注重质量、信誉，驰名京城的大药店。

同仁堂对收购的各种药材，特别重视原料产地和药性、质量。清朝时期，祁州（今河北安国）、营口（今辽宁营口）是我国北方两个重要的大型药材集散地。祁州在每年春秋两季举办药材庙会，营口则在每年秋冬两季销售参茸。同仁堂每年都要派出精通药材的采购人员，在药材庙会期间和销售旺季，到这两个市场集中收购药材。同时，也带去同仁堂自己生产的成药，在市场上销售。由于同仁堂的资金雄厚，凡遇到质量好的整货，同仁堂往往出高价购入，形成市场垄断。在选择每一种药材时，首先注意其产地。许多中药材的药性与其产地有很直接的关系。药材在生长过程中，对温度、光照、湿度等自然条件都有比较特殊的要求，因此生长的区域很小。同仁堂在收购时，都要选择正宗产地生产的药材，宁可价格偏高，也不购买其他地方生产的廉价药材。如同仁堂的人参必用吉林长白山附近的吉林人参，当归专选甘肃岷县生产的，陈皮专选广东新会的，大黄只选用青海西宁的，生地选用河南怀庆的，枸杞选用宁夏中宁的，白芍只用浙江东阳的杭白芍，柴胡只用燕山野生黑柴胡，地黄用河南焦作附近的怀地黄等。名贵药材也不例外，同仁堂专门在名贵药材集散地上海长期坐庄收购。收购山参、鹿茸、冬虫夏草等名贵药材时，则派人直接到产地看货收购。对非产其时，非采其用，等级不够标准的药材，价格再低，也绝不购买。这一点，是其他小药店望尘莫及的。这样同仁堂从原料进货这第一关，就确保了药材的质量，为以后的生药销售、成药制作，提供了可靠的保证。

药材运回之后，在加工和制作成药时，同仁堂有一套严格而且细致的制作程序。乐尊育曾说过："古方无不效之理，所虑者修合未工，品位不正耳。"其后代乐梧岗还专门制定了一条加工、炮制中药的准则："炮制虽烦，必不敢省人工；品位虽贵，必不敢减物力。"遵循这个原则，同仁堂在制作成药时，严格按照前人的古法炮制，一丝不苟，在生药的质量和工序上，丝毫不省简。有的贵重丸药，往往需要经过六七十道工序才能制成。所用原料，无论贵贱，都投料准确、充足;制作过程，无论繁简，都精工细做。因此它所售出的生药和生产的成药，素以货真价实，疗效显著而著称。就凭借着这一点，同仁堂赢得了顾客和市场，也使它的一些成药成为名扬天下的品牌，被社会视为独家特产。

在同仁堂生产的数百种中成药中，被称为"十大王牌"的安宫牛黄丸、乌鸡白凤丸、安坤赞育丸、参茸卫生丸、苏合香丸、再造丸、局方至宝丹、活络丹、女金丹、紫雪散最负盛名。这"十大王牌"加上牛黄清心丸、十香返还丹、虎骨酒，又有"十三太

同仁堂店面

保”之称。这其中尤以“安宫牛黄丸”和“乌鸡白凤丸”最受人们的青睐。这两种药，原料珍贵，配方科学，制作讲究，疗效神奇，不仅是同仁堂的名牌产品，体现同仁堂货真价实的经营宗旨，也是中华医药宝库中的珍品。

“安宫牛黄丸”是我国传统的一种中成药。主要用于治疗高烧不退、神昏谵语。现代医学研究证明，该药还可以用于治疗脑炎和由高血压引发的昏厥等危急病症。制作该药需用牛黄、犀角、珍珠等十余种稀有、名贵的药材，而且还需经过数十道工序，精心炮制。同仁堂生产安宫牛黄丸已有200多年的历史，其处方、配伍、加工均有独到之处，所用原料均是上等药材。而且制成后，丸药用金箔纸包裹，再用蜡密封，所以可存放百年不变质。

“乌鸡白凤丸”的处方，源于唐代的“白凤丹”，曾被誉为调治妇女百病的神丹妙药。其用乌鸡配以人参、黄芪、当归、鹿角胶等名贵中药精制而成。具有补气养血、健身益智、滋阴润颜等功效。清朝时候，太医院在总结前人临床经验的基础上，对配方进行了修订，并交由同仁堂制作。所以，同仁堂独家掌握这味御药的新配方和制作技术，不仅为皇宫提供乌鸡白凤丸，从此也将此药从宫廷深阁传入民间市坊之中，成为普通百姓的祛病良药。同仁堂在制作“乌鸡白凤丸”时，多选用江西泰和武山地区的乌鸡。这一带出产的乌鸡，羽毛洁白犹如丝绒，红冠、蓝耳，鸡头顶端有一撮白毛，形如白绒球。鸡的皮、骨、肉则乌黑如漆。也正是同仁堂制作此药时，既选用优质药材，又注重制作精良，故此药历时百余年，一直畅销不衰。

在同仁堂 300 多年经营和发展历程中，虽然深受社会各界的普遍赞誉和欢迎，也并非一帆风顺，曾几次遭受挫折和困境。在清朝乾隆、道光年间，同仁堂曾两次失火；同治年间，同治皇帝因误诊身亡，同仁堂亦遭诬陷被治罪；而清朝末期，宫中财力匮乏，又长期拖欠同仁堂药款，使同仁堂经营几乎难以为继。但在乐氏后代的潜心治理下，同仁堂依然以其诚信的经营，在中医药市场上始终保持其名店的招牌。

现在，同仁堂在继承祖国中医药配伍、炮制等传统制作工艺的基础上，又引入现代先进的科技和工艺，从而使同仁堂生产的药品质量更为安全、可靠。其生产的规模不断扩大，销售市场也随之开拓。

同仁堂外景

为了保证优质原料的供给，同仁堂开发了自己的药材原料种植基地，分布在全国各地，如河北的黄芪、柴胡、板蓝根、地丁、苦杏仁基地，山西的党参基地，湖北的茯苓、半夏基地，河南的茱萸基地，浙江的杭白芍基地等。同时，同仁堂在北京昌平建立了占地70余亩的动物养殖基地，饲养着梅花鹿、马鹿、乌鸡等药源动物。其中的乌鸡特从江西泰和乌鸡发源地引种、繁育，现品种纯正的乌鸡养殖量达到几十万只。

同仁堂总店虽仍在大栅栏，但营业面积已扩大十数倍。同时，不仅在北京和外地建立了许多同仁堂分号，还在香港、澳门地区及海外许多国家建立分号，使更多的人得以服用质量可靠的药品，祛除病痛。在其优良的药品走向世界的同时，也让世界各国更多地了解中国的传统医学。

鹤年堂

鹤年堂位于宣武门外菜市口，是北京历史最悠久的老字号药店之一。相传始建于明朝嘉靖末年（1566 年）左右，至今已有 400 多年历史。

关于这家药店的名称，据说“鹤年堂”原是明朝嘉靖年间宰相严嵩府邸花园内的一个厅堂。菜市口胡同，过去就叫丞相胡同，或与严嵩府邸有关。传说是严嵩亲笔手书的“鹤年堂”三个大字，字体端严，苍劲有力。严嵩败落后，其手书的“鹤年堂”牌匾也流落到民间。药店的主人便使用了这个名称，并将严嵩手书的匾额作了药店的招牌，取延年益寿之意。

药店挂起严嵩手书“鹤年堂”匾额招揽顾客之后，生意兴隆，又接连开了四家分号，寓为“五鹤朝天”。因为老号在城西，遂更名“西鹤年堂”。据说“西鹤年堂”的牌匾是由严嵩之子严世藩所书。

鹤年堂药店自创办以后，在北京城药店林立的局面下，以自己独特的经营方式跻身于中医药市场。鹤年堂最具特色的是汤剂和饮片。

鹤年堂收购的制药原料，均为质量上乘的药材。为了保证鹤年堂的产品质量高、药效好，对制药原料的产地、生长期和采集期、品种和形态

1955年的西鹤年堂

等，都有严格的质量要求。如其出售的金银花，只采购河南所产的原料。因其花嫩、未绽放、尖硬，药效最佳。白芍则专选杭白芍，且要粗细均匀，底根不能“炸芯”。至于药效稍差的川白芍、毫芍，则一律不进货。黄芪只选用少数特定产地所产的绵黄芪，遇有根粗、黑心者，必祛除不用。

鹤年堂对药品的加工更是一丝不苟。如法半夏在炮制时，需经过清水、石灰、明矾、甘草、生姜等前后七道工序加工，共用49天才能制成。制成后，还要晾晒，内外均呈黄色，而无一丝杂色。在炮制大熟地、山萸肉、何首乌等汤剂饮片时，需用黄酒反复烹蒸，直至内软溏心为宜。对于不需再经炮制的饮片，也要做到精工细作。凡是饮片，均要切成极薄的片，以利于煎煮，使药材的有效成分能更多地溶入汤汁中，被充分利用。至于中药加工所采用的蒸、炒、制、煅等传统的特殊技术，鹤年堂更是代代相传。从而使鹤年堂在生药的加工和炮制方面，具有独到的特色和极大的优势。

更为独到的是，鹤年堂的门市部店堂在为顾客按方抓药时，对每一味药都采用分别包装的办法。在每一味药的包装内，都放置有一张“图说内票”。票上印有这种药材的药名、产地、气味、主治、功效，以及药材的图形，以便于患者自己按图查对，并对药的性能有所了解，使患者明明白白用药，增加了对鹤年堂的信赖。

鹤年堂在经营汤剂饮片上，颇下功夫，精选上品，精心炮制，以其可信可靠的质量，精到细致的加工，赢得了顾客的信任和市场的信誉。清朝宫室皇亲贵族，也常到鹤年堂来购买饮片。所以在北京地区早年曾流行这样的说法："要吃丸散膏丹，请到同仁堂；要吃汤剂饮片，请到鹤年堂。"可见鹤年堂在京城百姓心目中，与同仁堂齐名。

鹤年堂不断扩大经营规模，民国十八年（1929 年）初，在东安市场西门内建立了一家分店；民国二十四年（1935 年），又在西单商场附近开设了一家"西城支店"。不仅如此，鹤年堂还积极开拓外地业务，民国二十五年（1936 年），又远赴陕西省，在西安市鼓楼前开设了第三家分店。这三家分店与总店一样，也同样生意兴旺，买卖兴隆。据民国二十四年（1935 年）出版的《旧都文物略》介绍北京药行时说："同仁堂、西鹤年堂（即鹤年堂总店）药铺，皆数百年营业，声闻全国。近虽西药林立，即同仁、鹤年二家族，于平市（即北京）四城设立分肆无数，而购药者仍不约而同趋前门桥及菜市口两处。"可见同仁堂、鹤年堂当年盛况。

今天的鹤年堂菜市口总店

虽然鹤年堂在民国年间曾受当时的局势动荡、日寇入侵等影响，经营一度陷入困境，但这家老店挺过一次次的难关，坚持已有的传统，保持良好的信誉，终于绝处逢生。

现如今，鹤年堂总店依然在改造后的菜市口西北角继续营业，又开设了多家鹤年堂分店，成为中华传统中医药行业的一扇对外窗口。

绸缎鞋帽服饰

瑞蚨祥

前门外大栅栏路北的瑞蚨祥，是京城著名的百年老号绸布店。创始人孟鸿升，祖籍山东省济南府章丘县旧军镇。章丘一带开布行的人很多，孟鸿升的祖辈也都是开布行的。

孟家实力雄厚，早在乾隆年间就在号称“山东第一村”的周村开设了“万蚨祥”，经营丝绸棉布，还附设金店和钱庄。万蚨祥三字中的“蚨”字，取“青蚨”之意，寓意为铜钱。青蚨是古代传说中的一种飞虫，形似蝉。东晋的《搜神记》里这样记载着这种虫子的神奇：“南方有虫……又名青蚨……生子必依草叶，大如蚕子。取其子，母必飞来，不以远近。虽潜取其子，母必知处。

以母血涂钱八十一文，以子血涂钱八十一文，每市物，或先用母钱，或先用子钱，皆复飞归，轮转无已。”青蚨有还钱的“本事”，钱用去了还会飞回来，符合商人逐本求利，以钱生钱，希望财源滚滚来的愿望；“祥”为吉祥福瑞之意。

清同治九年（1870 年），孟家兄弟分了家。兄弟四人先后分别在济南、天津、保定、沈阳等地开设了多个钱庄、布店、茶叶店等分号。其中，孟鸿升在济南独资开设了一间“瑞蚨号”布店，沿用了“蚨”字。

清光绪六年（1880 年），孟鸿升去世，儿子孟洛川接掌股东。孟洛川年轻有为，善于动脑子，掌管瑞蚨号后，生意更为兴旺。他扩大了店铺的门面，并把“瑞蚨号”改为“瑞蚨祥”，以求更加吉祥。为扩充营业，还在章丘办织布厂，自产自销大捻布，大捻布是山东的一种土布，用木机纺织，土法印染，结织厚密，耐磨耐穿，销路很好。

光绪十六年（1890 年），孟洛川看到北京商兴人旺，买卖好做，就派在店中做伙计的远房侄子孟觐侯运了些山东大捻布到北京卖。带来的布很受北京人赏识，很快就卖完了。孟洛川出资，再派孟觐侯进京，在北京前门外鲜鱼口内的抄手胡同开设“鸿记布店”。“鸿”字，即父亲孟鸿升之名。布店主要批发山东大捻布，所有大捻布都用马车从山东运到北京，沿路由保镖护送。孟家为了运布道路通畅，还曾经出资修建了章丘通往天津的道路桥梁。光绪皇帝推行维新变法，崇尚洋务之后，孟洛川适应社会消费需求的变化，进一步扩大规模，开始经营洋货。

20世纪40年代的瑞蚨祥

光绪十九年（1893年），孟洛川投资8万两白银，在大栅栏正式创办了“瑞蚨祥绸布洋货店”，改营丝绸、布匹、皮货、洋货等高档时尚产品的批发和零售业务，由孟觐侯负责经营。此时前门外一带已经开有不少布店，尤其是瑞林祥、瑞林祥东记、谦祥益、益和祥、瑞生祥、瑞增祥等，都是由山东孟鸿升的后人陆续进京开办的。瑞蚨祥开张后，以其商品齐全，货真价实，服务周到而深受京城各界欢迎，顾客盈门。同时瑞蚨祥绸布洋货店凭借着雄厚的资金实力和孟洛川的善于经营，很快成为京城布店“八大祥”之一。不久又占据八大祥之首，成为京城尽人皆知的大布店。

瑞蚨祥开张第七年，正逢事业顺利发展的时候，却遭遇了一场国难之灾。光绪二十六年（1900年）庚子事变，八国联军占领北京。前门外繁华的商业区遭到八国联军洗劫，瑞蚨祥也未能幸免。店铺被抢劫后，又遭焚毁，损失惨重。兵燹之后，一些实力不足的小商号纷纷倒闭，退出了大栅栏。孟觐侯则利用在天津、青岛等地瑞蚨祥商号的存货，紧急调往北京接济货源，很快在瑞蚨祥前摆摊售货，恢复营业。同时又筹集了巨额资金重建瑞蚨祥。

孟觐侯在瑞蚨祥原废墟上重建的二层楼铺房坚固美观，外饰砖雕，铁艺大栅栏门，昭显西洋风格，在大栅栏一片低矮商铺中显得气宇轩昂。历经百年，现在仍保留着当年的建筑风貌。

重新开张后的瑞蚨祥，除主营绸缎布匹之外，又兼营呢绒、钟表、化妆品等洋货，每日营业额高达数千两白银，成为一家大型综合商店。

清末民初的1903年至1918年，短短十几年时间，孟家抓住一切机会在大栅栏扩展地盘，又陆续新开设了四个商号。瑞蚨祥的五大商号并立于大栅栏，自东向西分别为瑞蚨祥东鸿记茶叶店、瑞蚨祥绸布店（即总店，也称东号）、瑞蚨祥鸿记皮货店、瑞蚨祥西鸿记茶叶店、瑞蚨祥西鸿记绸布店。瑞蚨祥还在大栅栏南侧购置了一处带有花园的“总经理办公处”，总统五家商号以及济南、天津、青岛、烟台等地分号的经营。这里也是瑞蚨祥拉拢皇亲国戚、官宦名流的公关和社交场所。由此瑞蚨祥又成为京城首屈一指的大商号。仅仅据西鸿记绸布店一家保留的账册记载，其营业额1912年以前每年不足20万两，1913年就超过了30万两，1916年超过40万两，1919年超过50万两，1925年超过60万两。

瑞蚨祥在百年历程中，形成了一套独特有效的经营和管理方法，保证了它能够在竞争激烈的京城商海中立足和发展壮大。它在经营上有三大特点：商品齐全，货真价实，服务细致周到。以此吸引顾客，尤其是大批京城上层有实力的消费群。

资金雄厚。瑞蚨祥开业之初就投入8万两白银，以雄厚的实力在京城亮相。随着资本的积累，高、中、低档各种货品齐全，有官僚、富商、大户所需的绸缎、呢绒、皮毛，有普通市民所用的蓝布、白布、花布。库存充足，尤其是销路好，质量可靠的名牌商品，如北京市场有名气的“双青”布、“头蓝”布，库存可达几千匹、上万匹；水獭、貉绒、黄狼皮、灰鼠皮等贵重皮货制品，同样有充足货存，如灰鼠皮褂子一项就有二三百件，既能随时满足顾客需求，又能稳定市场价格。

瑞蚨祥

重视建立自己的供货渠道。瑞蚨祥在重要产品的货源地，都驻有专门采购人员或建立加工基地。如在上海、江浙一带大量采购丝绸，根据京城市场需求，在苏州定织定染一些高档呢绒绸缎，并在每匹绸缎的机头处织上“瑞蚨祥”的字样。瑞蚨祥的花色布匹，都是用上好的棉纱交给作坊定织定染。这种布缩水少，不褪色，很受普通市民的欢迎。瑞蚨祥在张家口一带收购皮货，并在当地进行整理加工，再进京销售。每年皮货交易季节，当地交易站往往都要等到瑞蚨祥采购人员到了之后才开始议价。瑞蚨祥还与各地货主预定第二年的进货数量合同，一来可以筹备下一年的货品，二来可以控制稀有高档品的供应。因此瑞蚨祥能够不断推出独家专卖花色式样的货品，与一般小商号只在当地小量进货，有什么进什么，进什么卖什么相比，它能做到卖什么有什么，追逐时尚的权贵富豪都以身穿瑞蚨祥为炫耀。

薄利多销。瑞蚨祥在销售环节上坚持薄利多销。绸缎、呢绒的销售利润平均不超过 15％，皮货销售利润平均不超过 20％，尽量减少积压，加快资金周转。

营销形式多样，服务细致周到是瑞蚨祥一大经营特色。瑞蚨祥门市销售以外，也根据客人需求采取送货上门、外埠信购、代客加工染色等销售、服务形式。门市销售采取分区形式，一楼前柜卖青、蓝、白布；后柜卖中高档布匹；楼上卖丝绸、皮货等贵重商品。不同层次的顾客和不同档次的消费分布在不同的区域。顾客一进店，就有伙计招呼、请坐、看茶、询问和推荐商品，并取出商品供顾客挑选。店堂销售的伙计都不仅懂得货品知识，而且热情、周到、和气、有礼。他们身着长衫，容颜整洁，也很会察言观色，“看人下菜碟”。凡有意购物的客人，很少让他空手离开。如果客人需要的商品一时缺货，也不对客人说“没有”，而是一边向客人介绍其他商品，和客人聊天，一边已有其他伙计打电话到就近的批发店迅速供货，客人往往都能买到所需商品，而不会怀疑瑞蚨祥这样的大号会有断货。瑞蚨祥以货品齐全，货真价实而著称。门市的销售都是言不二价，以维护字号的品牌信誉。瑞

瑞蚨祥鸿记

蚨祥同贵族、官僚、富户做生意，则用平时记账、年终结算清账的办法。对这些客户，平时买东西时，往往不收现钱。军阀时期的袁世凯、段祺瑞、黎元洪、吴佩孚等，都买瑞蚨祥的东西，有时一次成交就上万元。

集团管理，连锁经营。瑞蚨祥在京各店及在天津、上海、济南、青岛、烟台等地各分号，都采用相同的管理制度。孟洛川作为瑞蚨祥的东家，虽然不直接对各商号进行经营管理，但各地商号的“总理”每年末要将资金、营业盈亏、人事等重大事项向他汇报。北京瑞蚨祥五个店的经理，每五日也要向孟洛川汇报情况。

瑞蚨祥各号内部实行分层管理，店经理下有营业负责人、库务负责人、账房负责人等，各级管理杂而不乱。瑞蚨祥的员工80％都是山东章丘人，店内经理、掌柜、大小头目、采购加工、内伙计、后勤人员等都由他们担任。他们都须经过严格的举荐、挑选、验看、分配等多道“关口”才能入店，一般都从学徒做起。有资格举荐学徒的也都是经理、掌柜、大小头目、资深伙计。北京店“总理”孟觐侯当年就曾在济南开的瑞蚨祥布店当学徒，为孟洛川所赏识而派到北京。东家认为这些山东员工都是知根底、信得过、好使唤、能提拔重用的人，因此他们工作比较稳定，福利待遇优厚，享受年薪制。当他们干到一定店龄时，还可以吃“人力股”，年终可以和东家的“资金股”共同参与分红。

门店销售的外伙计都雇用本地人。如北京各店的售货员要求会说北京话，了解北京风俗民情，掌握达官贵胄及各色顾客心理，会公关，相貌好。外伙计挣月薪，且收入高于内伙计，但他们成不了股东，也随时有可能被解聘，因此他们工作非常努力和小心。

优厚的工资福利待遇。瑞蚨祥员工无论经理、掌柜、大小头目、内外伙计，工资标准都高于一般同行业者约一倍，而且有优厚的福利待遇。他们食住在店内，每餐四菜一汤，荤素搭配，餐餐有酒；每月初、月半，还有两次八菜“大餐”；夏季备有绿豆汤和凉开水；逢年过节更少不了酒宴；春节期间从腊月初八开始加餐，腊月二十三开始设酒席，直到正月初六；遇有店员婚丧病死，则另有贴补；年终除资深员工分红外，每个员工还会根据个人表现得到数额不等的馈送，相当于半个月到一个半月的工资；山东员工每年有五十天的带薪休假，北京员工每十天休假一日。

1926 年以后，随着清帝逊位，国都南迁，社会整体消费能力降低，瑞蚨祥的生意逐渐衰落，营业额下降。如西鸿记一家保留的账册记载，1925 年其营业额达到 60 万两，1927 年下降为 37 万两，1928 年为 30 万两，1929 年为 27 万两。虽然营销总量仍然很大，且仍然保持它的经营特色，社会形象几无贬损，但与全盛时期相比已大不如昔。

中华人民共和国成立后，1954 年瑞蚨祥实行公私合营，在京的五个字号合并为一，以经营绸缎、呢绒、皮货、布匹为主，品种结构也随着社会消费趋势的变化而不断有所变化。

链接：八大祥

旧北京曾有："头顶马聚源，身穿八大祥，脚踩内联升，腰缠四大恒"的顺口溜。意思是说，头戴"马聚源"帽店的帽子，尊贵；身穿"八大祥"的绸布做的衣服，光彩；脚蹬"内联升"靴鞋店的靴鞋，荣耀；腰里缠着"四大恒"字号钱庄（恒利、恒和、恒兴、恒源）的银钱票，富有。这是旧北京有高贵身份和尊贵地位的人的世相画。

"八大祥"是老北京前门外一带八家带"祥"字的老字号绸布店。因为它们都实力雄厚，善于经营，特色鲜明而被誉称为"八大祥"。包括瑞林祥、谦祥益、瑞生祥、瑞蚨祥、益和祥、瑞增祥、瑞成祥、庆祥。这些绸布店在清朝同治、光绪年间陆续在北京前门外商业区开业，店主都来自山东省章丘县旧军镇的孟姓大家族。他们是中国古代思想家孟子的后裔。

清朝同治初年，孟家人在前门外西月墙瓮城内开设了"瑞林祥"，在前门外东月墙瓮城内开设了"谦祥益"，在打磨厂路南开设了"瑞生祥"三家"祥"字号绸布店；光绪元年（1875 年），三家都分别开设了分店：瑞林祥在前门外鲜鱼口开设了"瑞林祥东记"、谦祥益在珠市口路西开设了"益和祥"、瑞生祥在打磨厂西口外开设了"瑞增祥"；光绪十九年（1893 年），"瑞蚨祥"在大栅栏开张。

光绪二十六年（1900 年）庚子之变，八国联军侵入北京，前门外一带商业区成为一片废墟，"八大祥"也尽数遭劫。劫后

谦祥益丝绸商店

瑞蚨祥在原址重建；前门楼东、西月墙瓮洞被毁，此后这里因修建前门火车站，东、西月墙一带收归国有，瓮洞内两祥也告关门停业。光绪二十九年（1903 年），火车开进北京城，瑞林祥并入其鲜鱼口瑞林祥东记分店，谦祥益并入益和祥分店，迁址廊房头条，后来又在后门大街路东开设了“谦祥益北号”分店。

八大祥中实力最强者属瑞蚨祥和谦祥益。中华人民共和国成立后，八大祥也仅存此两家。瑞蚨祥仍保留着当年的老字号和老建筑，谦祥益更名为“北京丝绸商店”。

内联升

内联升是北京城内最著名的老字号鞋店。开业于清朝咸丰三年（1853 年），至今已有 150 多年历史。

内联升创始人赵廷，是河北省武清县人。他自幼就在制鞋作坊当学徒，练就了一手过硬的制鞋技术。赵廷是个颇有心计的人，不甘平庸一生为他人打工。在掌握了制鞋技术之后，他就开始为自己开业而做准备。经过多方活动，他找到一位姓丁的大将军，请将军出资八千两白银入股，加上赵廷自己家族亲友共三股，凑集一万两白银的资金，终于开张了自己的鞋店。

清末内联升的字号招幌

赵廷在选择鞋店的地点、确定字号名称、明确经营方向上颇下了番心思。首先在经营方向上，要想在制鞋领域财源滚滚，日进斗金，就必须把买卖做高、做大、做全。他把主要消费对象瞄准了上层社会的皇亲贵戚，京城内外的文武百官、贵族绅士，各种各样有面子和要面子的人，也兼顾其他消费者。鞋店开业地点，选择在大内皇宫大清门东侧的东江米巷（今东交民巷）西口路南。这里与皇宫大清门近在咫尺，是礼部、户部、吏部、宗仁府等官员进出衙门的必经之地，因此成为北京城距宫禁最近的商号之一。赵廷还为鞋店取名“内联升”，“内”

内联升匾额

即皇宫，“联升”是“连升”的谐音，取其穿这里制作的鞋入大内，官级连升的吉祥之意，迎合仕途之人平步青云、加官晋爵的意愿，也喻指鞋店与皇宫之间的特殊关系。

内联升开张以后，以前店后厂的形式，制售各种宫靴、朝靴和战靴，吸引了大批王公大臣前来定做。内联升制作的靴子做工精细，选料考究，穿着舒适美观，但也价格不菲。有史料记载：“内联升官靴局缎靴工精料实，战靴其价银三两至十六两不等，靴内一切号码款式概不用字，另有惜字说文。帮底内格皆俱用新布，为京都首创第一。”到光绪年间，一双内联升的朝靴售价白银几十两。

内联升制作的朝靴，靴靿高及膝，靴面选用南京特产的上等库缎。缎面有厚实不起毛，色泽黑亮的特点；靴底为内联升最著名的“千层底”，厚约一寸。千层底并非有千层，只是用来形容层多底厚。鞋底层数根据鞋的品种不同而有所区别。朝靴靴底前部薄，后部稍厚，制作时先用三层纯棉白布打成袼褙底子，并用白布包边，然后将底子层层叠好，层与层之间要加“垫心”，最后纳底而成。朝靴底有 32 层袼褙底子，用布超过百层。朝靴制作非常讲究，纳鞋底要用温州产的麻绳，要求绳粗锥细，针脚细密均匀，每平方寸纳 81 针，一双鞋底需纳 4000 多针。纳好后还要经过热水浸泡、热闷、捶平、整形、晒干等多道程序，达到坚固耐磨、柔软舒适、吸汗保暖的要求。内联升切合脚型制作鞋楦，最后再以精巧的缝绱技术完成制作。穿着内联升美观、舒适、气派的千层底朝靴在官场踱步，就是身份和实力的标志，一直备受上层社会推崇和喜爱。甚至清朝宣统皇帝登基大典用的靴子，也在这里定做。

内联升老板赵廷很注重结交官场和社会上的官僚权贵。凡在内联升定制过鞋的文武百官，他都悉心记录下官员本人及其家属的姓名、职务、靴鞋尺寸、式样及特殊要求和爱好等信息，汇编成《履中备载》。日后这些人若再需要买鞋靴，店伙计就会根据《履中备载》的相关记载，把靴鞋按客人的要求制好后，如期送货上

朝靴、蒙古靴展示

门。客人不用往来劳顿，就能穿上合脚合意的靴鞋了。细心、用心、热心、诚心的特色服务，使许多权贵之家成为内联升的长期固定客户。袁世凯等人的鞋靴尺寸也被详细记载其中。《履中备载》也为想给亲朋好友赠送礼物的客人，更为官场中想巴结上级官吏的人提供高档名牌的见面礼，《履中备载》可以帮助他们找到被赠送人及家属的履上资料。除了鞋的尺寸大小、式样颜色，还可以了解到对方近期是否添置过新鞋，棉鞋还是单鞋，朝靴还是便鞋。即使客人与被赠送者从未谋面，也能使送出的鞋靴适合被赠者的身份、地位、需求和爱好。许多下级官吏由此而获得上司的青睐和赏识，果然平步青云，连升官级。内联升不仅名扬京城，也因此名扬京外各省，带来滚滚财源。

内联升几经风云变幻，店址也几经变更。光绪二十六年（1900年）庚子之变，八国联军攻占北京，东江米巷遭到焚掠，损失惨重。内联升被迫迁到奶子府（今乃兹府）重新开业。1912 年袁世凯发动“北京兵变”，内联升又一次遭到抢劫，创业者赵廷含恨去世。赵廷的儿子赵云书再次被迫迁店到前门外廊房头条，直到 1943 年去世后，由儿子赵佩衫继承。1956 年公私合营后，内联升又迁到大栅栏。

近百年来，内联升的产品总是随着社会的变革而不断更新。宣统三年（1911 年）辛亥革命，结束了中国几千年的封建王朝，随着清王朝的结束，官靴被历史所淘汰，内联升原来的主要客户群也因此而消散。但内联升从第二代老板赵云书开始，应时顺便，不断调整经营方向、产品结构和制作工艺，并且使用新材料。但料精工细，品质上乘是始终不变的。内联升制作的礼服呢面和缎子面的千层底布鞋，仍然成为当权新贵、军阀政要和旧朝遗老、富贾豪商的最爱。“头顶马聚源，脚踩内联升，身穿瑞蚨祥”，依然是上层社会的品牌着装。

民国时期，内联升专门为文化教育界人士、公务人员等穿长衫的群体设计制作的缎面小圆口千层底布鞋，做工精巧，式样秀气，穿着舒适，坚固耐磨，也风靡一时。着青布长衫，配一双小圆口千层底布鞋，或风流倜傥，或潇洒文雅，是这一时期的典型着装，成为一个时代的标记。李大钊、鲁迅、青年毛泽东，以及影视作品《雷雨》中周朴园、《青春之歌》中卢嘉川等，都是着这种服装。当代国家领导人也特别青睐千层底布鞋，毛泽东、周恩来、刘少奇、朱德、邓小平，以及一些外国政要都曾到内联升定制布鞋、拖鞋等产品。

内联升还不断推出迎合社会上不同年龄、不同职业层次需要的特色产品。如面向老百姓的“老头乐”“老棉窝”棉鞋，鞋底厚，棉花多，结实轻暖，易穿防滑，深受大众喜爱。“纳帮靸鞋”以结实耐磨有弹性，穿着舒适而著名。在鞋头上镶有两块椭圆形驴皮，是这种鞋的经典形象。穿着纳帮靸鞋踢铁块、石头等硬物，鞋头上也只留下个白印

内联升千层底鞋

内联升

而已。不分左右脚的“直圆鞋”也受到市场的欢迎。

中华人民共和国成立后，内联升又开发了女鞋、童鞋系列及皮鞋系列，开辟了新的营销市场。随着新技术、新材料的出现，内联升在保持“千层底布鞋”这一传统特色产品基础上，以现代化设备和最新工艺，设计生产出诸多款式男女皮鞋，并曾获得商业部优质产品奖。现在，内联升仍然经营自产手工制作的千层底布鞋、冷粘花色布鞋、自制皮鞋、旅游鞋、拖鞋、运动鞋、童鞋等产品。在自产自销的同时，内联升也兼售其他品牌的产品，从而使老字号常变常新，始终保持市场活力。

如今，内联升鞋店在大栅栏商业街路南的三层仿古建筑楼内营业。40 多年前全国人大常委会副委员长郭沫若先生为内联升题写的金字大匾额，高悬于店门之上。

书画文房

荣宝斋

位于今琉璃厂西街的荣宝斋，是以经营书画为主的一家老字号。其历史已有 300 余年。

荣宝斋前身叫松竹斋。清康熙十一年（1672 年），入仕京师的浙江人张氏用自己的俸银，在宣南地区开办了一家南纸店，名为“松竹斋”。主要经营文房四宝，其中包括书画用纸，各种笔、墨、砚和水盂、印泥、镇尺、笔架等书画用具及相关用品。还有书画篆刻家的笔单，即书画篆刻家们的作品经名家推荐，而确定的销售价格标准。松竹斋负责代客订购，从中提成。当然，挂笔单的书法篆刻家也在店里购买纸墨笔砚等文房用品、用具，这也为松竹斋带来一笔

荣宝斋

可观的收入，同时也提高了松竹斋的名望和声誉。

松竹斋除了出售这些高品位的文具之外，也出售各种大众化的信封、信纸、稿纸、扇面，以及已装裱好的喜寿屏联、挽联、册页等。不管是何种商品，在经营中，松竹斋上至老板，下至店员，都对顾客诚信、礼貌，迎来送往。还经常为客人定制比较特殊的文具，甚至还代客裁纸。周到体贴的服务，受到文人墨客的好评和信赖，松竹斋的生意越做越好，十分兴旺。

松竹斋经营的商品，主要对象多是文人，其中既有尚未成名者，亦有在士林颇有名气者，更有已入仕为官者。这些人的光顾，也在很大程度上，提升了松竹斋的文化品位，其声誉日渐增高。

由于松竹斋是官宦之家经营，对于商家的经营之道并不精通。到道光二十年（1840 年）鸦片战争以后，松竹斋的经营也日趋萧条，难于维持，濒于破产。为了不使店铺倒闭，当时的店主人特别聘请了在京城很有名气的庄虎臣为经理。庄虎臣与京城名士有广泛的交往，他接手松竹斋后，与店主人一同下决心弃旧图新，重振昔日辉煌。清光绪二十年（1894 年），庄虎臣取“以文会友，荣名为宝”之意，将店铺更名为“荣宝斋”。并聘请同治状元，曾任国子监祭酒的著名大书法家陆润庠为店铺题写了“荣宝斋”的大字匾额。

更名“荣宝斋”后，这家昔日曾享誉京城的名店，继续保持原有的经营特点，制售木版水印、经营文房四宝、金石篆刻、名人书画、装裱字画，服务对象转向以社会名流为主，同时在经营范围、品种、质量方面又不断发展、创新。

荣宝斋内书画作品

早在易名之前，松竹斋就曾自刻自印过各种信笺、诗笺，它不仅选用笺纸十分考究，而且印制也十分精细，深受京城文人的喜爱。荣宝斋则在继承这一传统的基础上，进一步发展为木版水印，并以精湛高超的木版水印画而闻名于书画界。

木版水印是中国特有的一种传统手工印刷技术。这项制版印刷技术，需要先对所要印制的书画原作进行认真、细致的分析和研究。根据原作品的创作意图、艺术特点、色彩构图，以及原画所使用的纸张、用墨用色等具体情况，雕刻制作印刷所用的木版。整个制版印刷过程，需要经过临拓勾描、雕刻、印刷三道主要的工序。制作时，先将原作品上的同一种色调的笔画线条，用墨线临拓在一张透明的纸上。然后再将一张张色调各异、墨色浓

荣宝斋内屏风

淡不一的透明纸分别粘贴在木版上，进行雕刻。雕刻时，还须不断参照原作品，根据已临拓、勾勒出的墨线轮廓，精心雕制出一幅一幅木版，也称为套版。待表现各种色调的墨色的套版全部雕刻完后，就可以依次逐版套印成画。印刷时，还要选用与原作品相同或尽可能接近的绘画材料，如纸、绢、墨、色等来印制作品。同时，还须根据原作品和雕成的套版，依据原作品的用笔、用色特点和技法，决定如何控制和利用套版的含水量，以及所用高丽纸、宣纸、绢等绘画材料的不同润染效果。为了使印成之后的复制品能与原作品在色彩和色调上保持一致，并能长期保存，还要决定每套版印刷的次数。因每一幅绘画作品都有色彩、色调的差异，所以就要制作相应的数量可观的套版，即使是一幅简单的水墨画，一般也要雕刻二三十套版，经四五十印次之多。最后再用传统的装裱工艺进行装饰，一件尊重原作，精致逼真的成品便制成了。

木版水印技术经荣宝斋的继承和发展，更趋成熟。从淡彩、纸本、小幅水印，发展到重彩、绢本、巨幅长卷，荣宝斋的木版水印技法高超，其复制旧字画的技术能达到以假乱真的程度。荣宝斋运用这项技术，成功地复制了一大批古代及近现代著名画家的传世作品。如唐朝周昉的《簪花仕女图》、五代顾闳中的《韩熙载夜宴图》、明朝文徵明的《兰亭修禊图卷》等，使这些珍贵的艺术品得以保存和流传。同时也使许多优秀的作品扩大了流传的范围，为更多的人收藏和欣赏。这实际也起着促进文化交流和传播的积极作用。

荣宝斋内匾额

荣宝斋经营的笔墨纸砚文房四宝，皆是荣宝斋精选的上品。包括湖州的湖笔，及全国各地名笔，种类丰富的徽墨，来自安徽泾县的宣纸，以及我国四大名砚：端砚、歙砚、澄泥砚、洮砚等。书画界人士多钟情于荣宝斋的文房名品。

荣宝斋还精于装裱字画，也是圈内闻名的。

中华人民共和国成立后，荣宝斋实行了公私合营。但仍然是当代名人书画集萃之处。徐悲鸿的奔马、齐白石的草虫花鸟、张大千的山水、郭沫若的书法等书画真品，都曾在荣宝斋占据一席之地。京城各派书

荣宝斋店面

画家，也都以在荣宝斋展示自己的作品为荣。著名学者、书法家郭沫若还为其重题匾额。现在，荣宝斋已经成为集学术研究，经销古今书画原作、文房四宝及古玩，收集石章，自制木版水印画，以及装潢、揭裱，兼营篆刻、宣册、函套等加工业务于一体的企业，也是一处艺术殿堂。荣宝斋在书画艺术领域蜚声中外。

戴月轩

戴月轩位于今琉璃厂东街，是一家以制售湖笔闻名的湖笔徽墨店，也是琉璃厂文化街上唯一一家以店主姓名作为店铺名称的老字号。该店原名“戴月轩湖笔店”，又名“戴月轩笔店”。

宣纸、端砚、湖笔、徽墨是中国传统“文房四宝”中的精品。其中浙江湖州善琏镇制作的湖笔尤为历代书画家所推崇。不仅湖州毛笔名满全国，还从湖州走出了一批制笔名家。戴月轩，名斌，号月轩，浙江湖州人。民国初年，年轻的戴月轩从家乡来到北京，入贺莲青湖笔店学徒。在学徒期间，他用心学习制作毛笔的手艺，没过几年，便从师傅手中学会了制

戴月轩外景

作羊毫、狼毫的技术和方法，并且能够独立制作品质优良的各种毛笔，因此而小有名气。

民国五年（1916 年），戴月轩出师后，就在宣武门外琉璃厂东头路北正式挂牌，开了一家笔墨庄，并以自己的名字“戴月轩”作为字号。

戴月轩开业时，虽然只有一间铺面房，却还保持着前店后坊，自产自销的传统生产经营形式。为了保证笔墨庄所售毛笔的质量，戴月轩首先严格精选原料。凡是所用原料，都从盛产毛笔的浙江省湖州的吴兴县善琏镇进货。吴兴县隶属湖州，是古代“文房四宝”之一湖笔的重要产地。据《湖州府志》记载：“湖州出名笔，工遍海内，制笔者皆湖人，其地名善琏村。”元代，受战乱的影响，以“宣笔”闻名天下的安徽宣州的制笔工匠们纷纷迁到善琏，这又使得湖笔在加工制作时，得以借鉴宣笔的制作技术和工艺。选择从善琏镇进货，正是出于质量的考虑。原料到货后，都由他和伙计动手加工、精心制作，并在所有产品上都刻有“戴月轩”三个字。由于戴月轩出售的湖笔制作精细，品质优良，捉笔手感好，每一支都是尖、齐、圆、健，即笔头尖、修梢齐、笔体圆、笔锋健，具有“提而不散，铺下不软，笔锋尖锐，刚柔兼备”的特点，而深受文人墨客和书画家的喜爱。戴月轩也因此在京城名声大震。戴月轩还采购湖州羊的毛制作羊毫，专用冬季黄鼠狼尾巴上的毛制作狼毫，以江南野兔的毛制作兔毫。

戴月轩经营的毛笔，羊毫、狼毫、兼毫、紫毫兼备。屏笔、联笔等具有不同用途，软硬手感各异。抓笔、提笔、对笔、大楷、中楷、小楷、长锋、短锋等不同规格，不同系列的书画用笔一应俱全。戴月轩的产品多有文雅脱俗之名：“墨气淋漓”“松禅遗制”“青山挂雪”“书成换白鹅”等。店里还专门为书画艺人定制所需的用笔。著名画家齐白石老人对戴月轩制作的画笔非常喜爱，特意定制戴月轩的湖笔作画。

1959 年，时年 85 岁的戴月轩去世。他的得意弟子郑存宗继承其技艺，使戴月轩继续以经营湖笔为主，也兼售其他的各种名笔，同时还销售纸、墨、砚等文具。从而又将这所百年老店的经营范围扩大到“文房四宝”，不仅深受喜爱书画人士的赞誉，更提高了戴月轩的品位。

今天的戴月轩，仍然是一座享誉京城，荟萃全国各地优质书画用笔的名店。

戴月轩内笔、砚

博古斋

在琉璃厂东街有一家以经营各种书画用纸为主的百年老字号店铺——博古斋。是清朝咸丰年间（1851—1861 年），由祝晋藩开设的。

祝晋藩，字锡之，北京大兴县人。他极喜好书画，尤其喜爱山水画。他开设“博古斋”，意在广揽历代古旧字画。最初祝晋藩也是以经营新旧字画为主业，还揭裱字画，兼售古董、首饰等。

清朝初年，宣武门以南还是一片布满杂草，有大片空闲之地的地区。大批来自全国各地的文人学者，或进京入仕为官，或编书撰修，或赴京赶考，他们便多选择在此建房定居。宣南地区逐渐成为文人学者聚居的地方，他们经常在一起切磋、交流和探讨学术问题。其间，抑或挥毫泼墨，吟诗相酬，从而使这一地区充满着浓郁的学术文化氛围，形成了极具特色的宣南文化。为满足这些文人学者对文化产品的需求，大批以经营文房四宝为主，兼

博古斋匾额

营古旧书籍和字画销售、字画装裱的店铺，也云集在这里，逐渐形成了一个颇具规模的文化市场。

博古斋经营的品种和业务范围，与文人学者的需求相适应，加之祝晋藩精通书画，又经营得法，所以很快便在这一带小有名气。在《二知轩诗钞》中收录的定远人方濬颐《春明杂忆》一诗中提到："为依装点琳琅富，博古斋头鉴真别。"显然对祝晋藩经营的博古斋给予很高的评价，而且对这家店铺的业务水平也给予充分的肯定。

到清朝同治年间，博古斋转给了河北衡水县人李镜湖继续经营。清朝光绪年间，另一位衡水人孙述祖再成为本店的主人，博古斋仍延续着原有的经营业务。在此后的100多年时间里，这家

博古斋外景

老店经历了时局的剧烈动荡和变迁，艰难地维持下来。其间，它的经营业务也从最初的销售字画，逐渐转为销售纸、墨、笔、砚等文具。

如今，这家百年老店以销售各种书画用纸为特色，在琉璃厂文化市场中，依然占有重要的地位。

文奎堂

中国古代的书肆，又称书坊、书铺、经籍铺，是集搜集、销售和刻印、出版图书为一体的店铺。文奎堂就是一家以刻印、出售古、旧书籍为业的百年老字号书肆。它以历史悠久，藏书丰富，旺销旺购而闻名于京城。文奎堂始建于清朝光绪七年（1881 年），创建人王云端，字辑五，河北束鹿人。文奎堂原址在东城区隆福寺街路南。

文奎堂创建之时，京城内经营销售和刻印古、旧书籍的店铺，已有相当的数量。宣南地区自清朝乾隆年间编撰《四库全书》开始，云集了大量来自全国各地的文人学者，逐渐形成了以琉璃厂为中心的文化市场。当时的琉璃厂书肆林立，此外，在琉璃厂还有经营各种字画、古玩、文房四宝等商品的店铺。这种浓郁的文化氛围和齐全的文化商家，也吸引着全国各地诸多的文人墨客来此观赏，或查阅、誊抄文献资料、买卖书籍。曾担任《四库全书》主修官的大学士纪晓岚，以及《四库全书》的其他编修官员，就经常到琉璃厂搜集和查阅一些珍贵的文献典籍。京城文化市场的这种布局和局面，对位于东城的文奎堂而言，是十分不利的。

王云端就是在这种背景下，进入京城图书市场，开始了自己的创业和经营。他没有简单地照搬其他书肆的经营方法。他在如林强手中，极力打出自己的品牌。

据有关资料记载："隆福寺街，旧书店历史最早，店亦甚多。其中以文奎堂、修绠堂、修文堂最久，藏书亦最多。又常自印新书出售。"文奎堂的藏书，除了在书肆上收购之外，还大量搜集和购买名人藏书，如购入清朝末代皇帝溥仪的大量藏书。民国十四年（1925 年），文奎堂与待求书社、晋华书局合伙购进徐梧生的大量珍贵藏书，包括宋版的《史记》《晋载记》、明初补本的元刊《玉海》、明朝正德刊本《百川学海》、锡山安氏活字本《颜鲁公集》、元俞和手抄本《琴史》、明蓝格旧抄本《太平御览》《文

文奎堂外景

苑英华》《古今岁时杂咏》、纪昀批校本《李义山诗集》、初印精刻本《言刃庵集古印本》《经义考》《助字辨略》等珍稀版本书籍。

文奎堂印制的书籍主要有：清青浦吴广成撰写的《西夏书事》、清富察敦崇撰写的北京历史风俗文化方面的《燕京岁时记》、清云间徐子室编辑的中国古典戏剧方面的《南曲九宫正始》、逆旅过客撰写的《都市丛谈》等。这些印制的书籍，基本是当时撰写和编辑的，具有很高的学术价值。印刷、出版时人的著述，自然是很受社会各界，尤其是文人学者欢迎的。所以，文奎堂很快便在京城打开了局面，名声大震。近人崇彝在其撰写的《道咸以来朝野杂记》中，是这样称颂该店的："内外城书肆，文奎阁（堂）为冠。"

民国十六年（1927 年），王云端去世后，由儿子王金昌任文奎堂老板，按照其父的遗愿，继续经营文奎堂。此时的琉璃厂在北京城内已主导了文化销售市场，占据了主导的地位，印书、售书的店铺几乎都集中在琉璃厂。而以文奎堂为代表的隆福寺文化市场则逐渐萧条起来。

中华人民共和国成立后，政府对北京的书肆业和琉璃厂文化街进行了整顿和调整，文奎堂遂由隆福寺街迁到西琉璃厂，重新建店营业。现在的文奎堂在经营范围上，除继续经营新印古籍、古旧书刊、文史新书、碑帖画册等书籍外，还销售与文化有关的商品，如书画篆刻作品、文房四宝、印石，以及瓷器、首饰、景泰蓝小件等。成为琉璃厂一家著名的老字号文化商店。

其 他

东安市场

坐落于北京王府井大街的东安市场，始建于清朝光绪二十九年（1903 年）。100 多年来，东安市场一直是北京城内的一处繁华的著名商业场所。

东安市场所在地，原是清朝初年的明末降将吴三桂的王府。康熙十二年（1673 年），吴三桂与福建的耿精忠、广东的尚之信三位藩王联合起兵反清。康熙帝在平定“三藩之乱”后，即将吴三桂的王府平毁，改为八旗兵的“神机营”练兵场。不过，到了清朝中期以后，由于清朝在国内的统治已日渐巩固，国内局势日趋稳定，原用于镇压反清势力的满洲八旗兵已无用兵之地。京城内的八旗兵更是无所事事，终日游手好闲，不再进行操练。这处练兵场因此逐渐荒芜，成为京城中一处鲜有人至，杂草丛生的场所。

清光绪二十六年（1900 年），由于清廷的屈辱求和，终导致“庚子事变”。八国联军攻入北京，慈禧太后和光绪帝匆忙出逃。直至第二年，清廷与十一个入侵中国的殖民国签订了丧权辱国的《辛

东安市场

丑条约》，八国联军退出北京后，慈禧太后和光绪帝才重返京城。面对经过战火摧残的都城，慈禧太后却依旧过着奢侈豪华的生活。她不惜动用清廷国库海军经费为自己修建颐和园，同时又准备动用巨资修建清东陵。从皇宫赴清东陵须出东华门，而东华门至东安门的大街已是破损不堪，况且这条大街的两侧还布列着众多商贩，人来车往，叫卖不绝。朝廷便觉这里既不安全，又行走不畅。于是秉承慈禧太后

东安市场旧照

的旨意，京城的步军统领衙门便着手对这条大街进行修缮。首先将商贩统统驱赶到神机营练兵场，令他们在此经营，不得再回东安门大街任意摆摊。

这些商贩们聚集到练兵场后，各摊位均以原练兵场内的习武厅为中心，散布于其四周。当时在此摆摊的，多是一些卖馅饼、炸糕、面条等小食品和出售儿童玩具、针头线脑等小百货的商贩。由于小商贩集中在一起，经营品种多，价格低廉，营造了一种市民购物的环境，逐渐吸引了京城市民来此购物。后来，一些原在前门大街和大栅栏地区开设的洋货铺，以及估衣铺等商号，因在“庚子事变”中悉被八国联军焚毁了店铺，也看好这里，陆续来此建店，重张开业。这样，到练兵场内经营的商户数量迅速增多，经营的商品种类和范围也随之扩大，形成了一个颇具规模的综合性市场。

东安门附近的这处市场形成规模后，很快被京城市民认可和接受。光绪二十九年（1903 年），因其临近皇城东安门，所以正式取名为“东安市场”。

东安市场自初建之日起，就不分平常还是节日，每天开张，日日有市。不同于有固定开放日期的庙会，这里经营的商品品种又比较齐全，除人们日常所需的日用杂品、布匹成衣、首饰洋货等百货外，还有饮食小吃。因此，对京城百姓来说，来这里购物是十分方便的。光绪三十二年（1906 年），在东安市场的北头，新开了一家演戏的“吉祥茶园”，这使东安市场又增添了一处听戏、休闲的好去处。随之而来的是，前来逛市场的人越来越多，东安市场的生意也更加兴旺，其名气也越来越大，逐渐传出京城。

不过，就在东安市场经营日趋火热的时候，它也曾经历过几次灾难。1912 年，民国建立之初，袁世凯窃取了辛亥革命的胜利成果，当上了临时大总统。他为了不离开自己的老巢，到南京就任大总统，遂指使北洋军第三统制曹锟发动“北京兵变”。2 月 29 日，“兵变”的士兵在北京城内肆意放火，疯狂抢劫。东安市场也未幸免。当晚，驻守在帅府园的炮兵和禄米仓的步兵闯入东安市场，洗劫了每一个店铺和摊位后仍不罢休，最后又从位于市场西门的义顺斋煤油铺中抢出两桶煤油，放火点燃了紧邻东安市场的东安电影院四周的木板墙。熊熊大火顷刻间便蔓延开来，将东安市场所有的店铺烧个精光。

这场浩劫，使得昔日繁盛的东安市场成为一片废墟。不久，在东安市场经营的一些有实力的商家，开始从废墟中重新站立起来，筹集资金，收拾瓦砾，重建店铺。到四五月间，东安市场又逐渐恢复起来。除原有的各种买卖外，还新添了几家八角鼓、蹦蹦戏等娱乐杂耍的场子。为了维护共同的利益，1913 年 5 月，东安市场的商家们成立了自己的组织——东安市场商民联合会。并由联合会出面向警察厅交涉，获准后开始于市场内建造店铺房屋，东安市场逐步规范起来。

1920 年，东安市场又遭受一次大火的劫难。除位于市场北侧的东来顺、稻香春和吉祥戏院用钱买通消防队给予特别救护，才幸免于难外，其余的店铺均化为灰烬。

大火过后，商家们再次动手重建。又在废墟上建起一处规模更大的市场，不仅商家的数量增多，市场的经营范围更广，行业种类也更多了。古玩、饭馆、古旧书店等也在其间开设。此后，东安市场内在原有的小店铺林立的基础上，又逐渐形成小店铺与有一定规模的小商场杂处的格局。到 1933 年，东安市场内已有了畅观楼、春霖阁、中华商场、丹桂商场、桂铭商场、霖记商场、东庆楼 7 个小商场。并且在东安市场内，还分布着九条街巷，街巷的两侧布列着密集的店铺和摊位，几乎没有空隙。整个市场，有商贩多达 925 户。

由于东安市场经营的范围很广，而且其中各商家的档次相差很大，或高或低，所以能适应和满足不同阶层人士的购物需求。这里销售的商品种类繁多，与人们的日常生活息息相关，许多在其他大商店买不到的商品，在这里却应有尽有，基本都能买到。东安市场内还有饭馆、小吃店和戏院等娱乐场所，购物之余还能休闲、消遣，因此这处集百货、副食、饮食、娱乐为一体的“商业城”，深受社会各阶层的欢迎。正因如此，东安市场虽经历了两次“灭顶之灾”，一旦恢复重建后，很快便又再现昔日的繁盛景象。

北平解放以后，东安市场作为首都一处重要的商业市场，与毗邻的王府井百货大楼一同带动着王府井商业街的繁华，成为首都市民以及外地来京人员经常光顾、购物的必到之处。1956 年，东安市场实行公私合营，之后，又改为国营。在“文化大革命”期间，东安市场改为“东风市场”，尤其是许多原有的经营特色，均被冠以“四旧”而遭到破坏，从而改变了原来的面貌。

1988年，在北京市政府有关部门的支持和帮助下，于9月20日，恢复了“东安市场”的名称，并成立了“东安（集团）股份有限公司”。公司除东安市场外，还下设东来顺饮食公司、稻香春食品公司、长安商场、中安宾馆、东安开发公司、东安服务公司。

现在，在原址上兴建的东安市场已成为一座现代化商厦。虽然旧时小摊贩聚集的情景已经成为历史，但在东安市场内，除经营各种商品外，还设有药店、珠宝玉器店、书店、工艺品店、超市等；汇集了包括北京地方小吃在内的全国各地的风味小吃，以及中国和世界各地的美食；此外还有一家电影院。市场内部宽敞

新东安市场

明亮，货品陈列设计时尚现代，购物环境舒适宜人。今天的东安市场仍然是北京城一处集购物、饮食、娱乐休闲为一体的大型综合性商业场所。

吉祥戏院

地处繁华闹市区王府井的吉祥戏院，是北京城著名的一处历近百年的娱乐场所。

吉祥戏院是在清朝光绪末年，由内廷大公主府总管事刘燮之出资兴建的。光绪三十二年（1906 年）底，正式开业。最初的名称为“吉祥戏园”，规模不算太小。观众的席位，均为横排长椅，能容纳七八百人。能在毗邻紫禁城的地方，开设一家戏院，这在当时是一件轰动京城的大事。作为清廷皇宫所在的北京内城，清朝中期以后的统治者以“内城逼近宫阙，例禁喧嚣”为由，曾做过许多限制，诸如不准开设会馆、妓院、戏院等场所。刘燮之能在距离东华门不远处开设戏院，一是凭借着自己的特殊身份和地位、权势，二是到了光绪末年，清朝统治已岌岌可危，对京城的管理和限制也没有以前那样严格。尽管如此，吉祥戏园的开张，依然引起京城的轰动。

由于吉祥戏园的老板是大公主府总管，有很大的权势，所以，当时京城有名的京剧演员，如谭鑫培、刘鸿声、余叔岩、杨小楼、梅兰芳、尚小云、荀慧生、程砚秋、陈德霖、王瑶卿等，都曾被刘燮之请到戏园演出。有这些京城百姓仰慕和喜爱的名角在此演出，吉祥戏园的生意自然十分红火。

梅兰芳与杨小楼合演《霸王别姬》

民国八年（1919年）东安市场失火。大火虽未殃及戏院，可是救火人员在救火时，却将戏院的房顶踩坏，戏院的前半部遭受很大的破坏。此后，戏院重修，将戏台改成椭圆形。为了招揽更多的观众，吉祥戏院在经营上也作了改革，追求创新。除特邀男女名伶同台演出名剧外，还加演电影，介绍国产名片和欧美名作。对戏院的座位也进行了调整，打破男女界限，改为单人座位。同时，为了满足不同市民的需求，又加演夜场。吉祥戏院采取的这些调整和改革的措施，再次引起京城的轰动，也由此引发了京城其他剧院的一系列改革。民国二十四年（1935年）刊行的《旧都文物略》称："自吉祥戏院改建椭圆式，并去其前柱，于是相率改善，日臻完美……"因吉祥

清末民初的旧式剧场观众席

戏院在京城率先进行了改革，成为一家新式戏院，又地处繁华的王府井大街和东安市场，人们来这里购物之余，还能在此欣赏著名演员的精彩演出，所以，吉祥戏院对京城百姓和外地商旅，都极富吸引力，所以它的生意一直非常兴盛。

解放后，北京市政府也很重视吉祥戏院，拨款对它进行了重修，扩大了面积，改善了戏院的条件，更新、增置了许多新的设施和设备，使之成为一家可容纳 1200 多名观众的中型戏院。吉祥戏院因此充分发挥自身的优势，走上一条新的发展道路。白天，吉祥戏院一般都演电影，晚上则上演戏曲节目，成为一家地处繁华闹市，能满足不同消费阶层需求的娱乐场所。

文盛斋

在云集着诸多经营文房四宝和古旧书籍、字画、古董、古玩商家店铺的琉璃厂地区，也有一些售卖文化娱乐用品的店铺。其中，就有两个同为著名的百年老字号，却又不同的文盛斋。一个是原址在前门外廊房头条的文盛斋，大约开业于清朝嘉庆年间，以经营各类彩灯而著名，后来迁到东琉璃厂。另一个是清朝咸丰年间开

文盛斋外景

业的乐器琴行，位于厂甸小沙土园北口西侧，后来迁到安定门大街。这就是文盛斋琴行。

文盛斋琴行，创办于清朝咸丰年间。其最初的字号为“文盛斋弦子老铺”，位于厂甸南边的小沙土园北口西侧。店主姓张，是河北深县人。由于他生前无子嗣，死后便由已守寡的独生女继业。当时这家乐器店有房屋 15 间，其中有 6 间作为“前店”，主要用于售货和生产，同时也用作厨房、宿舍和饭堂；后院 3 间上房是店主人的住宅；其余的房屋则为库房。这是一家自产自销的乐器店，也是北京民族乐器行业的“鼻祖”。

文盛斋虽然在创业之初，只是一家很小的乐器店，然而当时北京城内，这样的乐器店也不过仅有三家。即还有位于打磨厂的“合音斋”和“合顺斋”，而且三家乐器店生产的乐器各不相同。文盛斋主要制作、销售琴、筝、瑟、双清、二弦、虎波等宫廷乐器，以及王公子弟喜爱的三弦、八角鼓等乐器。文盛斋出售的乐器，价格往往都比较贵，原因在于其所出售的乐器不仅在制作上，讲究工艺精良，还十分注重材料的选择。每当在北京的市场上，有了来自福建产的紫竹、湖北产的蛇皮等制作乐器的原材料时，文盛斋总要派人去市场精心挑选，高价购回后制作乐器。因此文盛斋的乐器，在京城市场上，具有制作精，品质优，价格高的特点。清朝宫廷升平署、神乐署也经常选购，作为宫廷乐队使用的乐器。在 1956 年，实行“公私合营”时，文盛斋还曾保存着当年为清朝宫廷御制的，供“雅乐”乐队演奏的乐器。这些宫廷乐器无论是制作工艺，还是油漆彩画，都十分精美、讲究。

文盛斋与其他两家乐器店，虽然制作的乐器各有侧重，但在招牌的内容上，却基本相同。都写有“弦子胡琴老铺”的字样。门口悬挂着一个幌子，像一个没安头的琵琶背子，下面拴有红布条。清朝时期，京剧还主要为宫廷独享，尚未成为社会流行的文艺形式。当时民间主要盛行的文艺形式是以曲艺、梆子为主，所以乐器店的生意并不兴隆。尽管文盛斋也经常为清朝宫廷制作乐器，但除此之外，前来购买乐器的王公子弟则寥寥无几，普通百姓更是无人问津。因此在这一时期，文盛斋只能惨淡经营，勉强维持。

清末民初，昔日皇家独享的京剧开始流入社会，并为社会各阶层所喜爱，迅速兴盛起来。乐器店的经营也因此出现转机，买

文盛斋旧照

卖逐渐兴盛。而这时京城的乐器店数量也迅速增加。新增的乐器店，大多都是由原在文盛斋、合音斋、合顺斋三家乐器店学徒出师之后自己开设的。

在各家乐器店买卖兴隆，仍沿用传统木工工具、手工工艺和方法制作乐器时，文盛斋的师傅们却在不断地对传统的制作工艺进行革新，创造了一些新的工艺和方法。曾在文盛斋从师学徒的李辛田师傅制作琴轴时，首创用“衡天杵”的新工艺。此外，为使乐器表面光洁，还摒弃传统的打蜡、烫蜡工艺，改以采用虫胶漆片。这些新的工艺的采用，不仅使乐器制作更加精美，性能和质量也都得到提高。后来，其他的乐器店也竟相仿效，采用这些新的工艺和方法。京城乐器行也由此进入一个较快的发展时期。京胡、京二胡、月琴、二胡、小三弦、大三弦等与京剧有关的乐器销量，呈直线上升趋势，占据乐器总销量的绝对多数。

今日琉璃厂文盛斋

民国二十六年（1937年），随着日本侵略军挑起七七“卢沟桥事变”，将侵华的战火扩大至华北及北平（今北京）地区，中国的社会经济遭受严重的破坏，民不聊生，局势更加动荡。文盛斋也和其他的乐器行一样，生意惨淡，经营陷入困境。抗战结束后，国民党又挑起内战，国内经济继续萧条。文盛斋的乐器销售依然没有多大的起色，勉强维持经营。

1949 年，北平和平解放后，中国人民解放军文艺工作队随军进驻城内。因为宣传工作的需要，文艺工作队收购了文盛斋和其他一些乐器店的库存产品，使濒于破产倒闭的京城乐器行业获得新生，重新走上兴旺、发展的道路。此后，文盛斋的乐器以其精良制作技艺，在北京诸多乐器行中，继续保持着较高的声誉。在“文化大革命”期间，文盛斋被视为“四旧”和“封、资、修”的产物而遭到批判，许多珍藏多年的乐器精品惨遭毁坏。

1987 年，为了弘扬北京的地方传统文化，展示北京悠久的历史文化，又恢复了“文盛斋琴行”的老字号，并在东城区安定门大街新址重新开业，成为北京最著名的乐器销售商店之一。

王麻子

剪刀，南方人爱用杭州张小泉的，北方人就认北京王麻子的。

流传百年之久的王麻子剪刀“黑老虎”

王麻子进京，是在 300 多年前的清朝初年。顺治八年（1651 年），有一位姓王的山西人，在宣武门外菜市口摆了一个小摊，经营火镰（一种传统的夹煤炭的工具）、剪刀等日用杂品。王掌柜摊上的货，都是他从民间

王麻子剪刀铺

作坊上收购来的，他自己并不生产制作。他收购剪刀时非常苛刻，每次都要经过他“三看两试”的亲自挑选。

“三看”是一看外观造型好，工艺精细不粗糙，剪头长、剪口顺、剪把宽；二看刃口材料和工艺；三看剪轴部位合理，剪轴短。“两试”一是试刀刃，二是试手感。能过了他这道质量检验关的剪刀，才能摆上柜台出售。过不了关的，则一律不收。时间一长，供货的、买货的都知道这家铺子的剪刀质量最好。

王麻子刀剪厂内的陈列堂

因为王掌柜的脸上长有麻子，大家也就顺口把这家刀剪铺叫作“王麻子刀剪铺”。后来，王麻子就专卖刀剪而不兼卖其他了。京城内外南来北往的客人,大多都是慕名前来选购。“王麻子剪刀”逐渐远近闻名。

“王麻子”成为字号，是在王麻子的刀剪铺开张一百六十多年以后。随着王麻子剪刀的名气越来越大，王麻子的后代子孙在清朝嘉庆二十一年（1816 年），正式挂出“三代王麻子”的招牌，继续经营刀剪，并以质量维护王麻子品牌。不仅在收购来的刀剪上也篆刻上“王麻子”三个字作为商标，而且开始自设火炉加工制作。其制作技术、工艺一直秘不外传。

民国时期，“王麻子”刀剪早已经成为京城著名品牌字号。其他一些经营此行的店铺羡慕王麻子信誉好、质量高、销量大，也纷纷打出了“王麻子”旗号：王麻子、真王麻子、老王麻子、老老王麻子、汪麻子、旺麻子等。而且，也一如王麻子刀剪铺，在产品上铸有“王麻子”三字商标。一时，京城刀剪行业，各种“麻子”满天飞。“麻子”成了北京刀剪行业的象征，世人竟然难辨孰真孰假。民国二十四年（1935年）出版的《旧都文物略》记载：“宣武门外之王麻子刀店，则同版号、同商标者比户竞业，非土者不能识其孰真孰伪也。”旧时北京有一首关于王麻子刀剪的竹枝词写道：“纷纷刀剪铺如麻，认取招牌有数家。外客欲将真货选，不知谁是老王麻。”从王麻子刀剪铺传统经营地带的宣武门外菜市口一带，到东便门、崇文门外、前门外，都有多家打着“麻子”旗号的刀剪铺。

其实这些店铺并非没有自己的字号，如在前门外打磨厂西口一带，就有“德泰”“祥泰”“永泰”“益泰”“隆泰”“兴泰”“义泰”七家之多。此外，还有“广顺成”“西天和”“全亿增”等。他们把自家的字号置于店内，亮在门前牌匾上的都是“某王麻子”。各家“王麻子”虽然真假混杂，但挂“王麻子”的店铺大多都继承了王麻子重质量的传统。而且一些真、假王麻子店铺所售的产品，也是由同一作坊生产的。20世纪50年代初，东便门到天坛一带，就有二十多家手工刀剪作坊为王麻子刀剪铺加工制作产品。

中华人民共和国成立后，北京市政府成立了刀剪生产合作社，把各剪刀生产作坊组织在一起。宣武门外菜市口一带的几家刀剪铺，都集中并入了菜市口百货商场，商场内设有“王麻子刀剪专柜”。1959年成立了“王麻子刀剪厂”。“文化大革命”期间，王麻子刀剪厂改名为“北京市刀剪厂”，并由国家投资，在北京昌平沙河镇建起了新厂房。1978年，恢复了“王麻子”商标，同

毛主席1956年关于“王麻子、张小泉的刀剪一万年也不要搞掉”的语录至今仍保留在王麻子刀剪厂的墙上

时在北郊沙河恢复了王麻子刀剪厂。在工厂的一面墙上，醒目地书写着毛泽东主席1956年在《加快手工业的社会主义改造》一文中，对北京名牌“王麻子”刀剪的殷殷希望：“王麻子、张小泉的刀剪一万年也不要搞掉，我们民族的好东西，搞掉了的，一定都要来一个恢复，而且要恢复得更好一些。”

20世纪80年代以后，“王麻子”品牌的产品改造了传统工艺，使用先进生产流水线和优质钢材，以轧制双层复合钢材料制作剪头，产品质量不断提高。“王麻子”主要产品有民用剪、工业剪、裁衣剪、折叠剪、折刀、菜刀、羊肉刀、木刻刀、腰刀、剑、指甲钳、削笔刀、中西餐具等。尤其是被誉为“黑老虎”的王麻子剪刀，轴粗有力，口顺轻松，剪尖灵巧，刃薄锋利，不崩不锩，经久耐用。薄可剪薄如蝉翼的丝绸而不挂丝，厚可剪开百层棉布，硬可剪断曲别针。

王麻子剪刀品质优良，坚固耐用。几百年来始终以质量取胜。“南有张小泉，北有王麻子”——玲珑精巧的张小泉剪刀和厚重锋利的王麻子剪刀，已经成为质量和信誉的象征。20 世纪 80 年代至 90 年代初企业发展的鼎盛时期，门市每天顾客盈门，最高营业额达 80 万元；王麻子剪刀的产量达到两百多万把，国内市场占有率达 50%。不但在全国市场享有较高声誉，产品还远销日本、中国港澳及东南亚各国等海外市场。

2003 年，有着 350 余年历史的北京王麻子剪刀厂宣布破产。据北京王麻子剪刀厂的上级单位有关负责人表示，破产的只是一个企业，“王麻子”这个品牌绝对不会消失。目前，北京栎昌王麻子工贸有限公司持有王麻子商标品牌。愿老字号“王麻子”能以质量和信誉起死回生，续写新时期的辉煌。

位于昌平的北京王麻子剪刀厂

参考书目

[元] 析津志辑佚.

[明] 张爵. 京师五城坊巷胡同集. 北京：北京古籍出版社，1982.

[清] 潘荣胜. 帝京岁时纪胜. 北京：北京古籍出版社，1983.

[明] 刘侗. 帝京景物略. 北京：北京古籍出版社，1983.

[清] 杨静亭. 都门纪略.

[清] 孙承泽. 天府广记. 北京：北京古籍出版社，1984.

崇彝. 道咸以来朝野杂记. 北京：北京古籍出版社，1982.

北平市政府秘书处. 旧都文物略，民国二十四年十二月版.

曹子西. 北京通史. 北京：中国书店.

胡玉远. 旧京史照. 北京：北京出版社，1986.

贺富明. 京华老字号. 北京：中国旅游出版社，1987.

林岩. 老北京店铺的招幌. 博文书社，1987.

金受申.老北京的生活.北京：北京出版社，1989.

侯式亨.北京老字号.北京：中国环境科学出版社，1991.

傅公钺.旧京大观.人民中国出版社，1992.

陈文良.北京传统文化便览.北京：北京燕山出版社，1992.

果鸿孝.昔日北京大观.北京：中国建材工业出版社，1992.

徐城北.老北京.江苏：江苏美术出版社，1999.

后 记

《老字号》2006 年由北京出版社初版，是《北京地方志·风物图志丛书》之一。2017 年本书收入《京华通览》再版，对原稿进行了适当的修改、补充、删减、完善。在此诚挚感谢北京史研究会副会长、北京市地方志办公室副主任谭烈飞先生提供的帮助。

王 红

2017 年 12 月